长三角高校青年教师发展研究和培养实务

张 斌◎著

华东师范大学出版社

·上海·

图书在版编目（CIP）数据

长三角高校青年教师发展研究和培养实务：以上海市
高校新教师岗前培训为例／张斌著. 上海：华东师范大学
出版社，2024. -- ISBN 978 - 7 - 5760 - 5464 - 4

Ⅰ. G645.12

中国国家版本馆 CIP 数据核字第 2024H428K8 号

长三角高校青年教师发展研究和培养实务
——以上海市高校新教师岗前培训为例

著　者　张　斌
项目编辑　刘祖希
特约审读　郑　月
责任校对　李琳琳
装帧设计　卢晓红

出版发行　华东师范大学出版社
社　　址　上海市中山北路 3663 号　邮编 200062
网　　址　www.ecnupress.com.cn
电　　话　021 - 60821666　行政传真 021 - 62572105
客服电话　021 - 62865537　门市(邮购)电话 021 - 62869887
地　　址　上海市中山北路 3663 号华东师范大学校内先锋路口
网　　店　http://hdsdcbs.tmall.com

印刷者　上海景条印刷有限公司
开　　本　787 毫米×1092 毫米　1/16
印　　张　15
字　　数　248 千字
版　　次　2024 年 12 月第 1 版
印　　次　2024 年 12 月第 1 次
书　　号　ISBN 978 - 7 - 5760 - 5464 - 4
定　　价　98.00 元

出 版 人　王　焰

(如发现本版图书有印订质量问题,请寄回本社客服中心调换或电话 021 - 62865537 联系)

前　言

　　所有记载于人类历史的伟大时代都是悄然而至。这些伟大时代，为人类带来了前所未见的机遇，也给人类带来了前所未见的挑战。这些伟大的时代静悄悄地来临，它们悄无声息地挑战着旧秩序，悄无声息地改变着国家与国家的关系、人与人的关系，直至新秩序完全建立时才发出一声轰鸣。

　　在这声轰鸣发出的时刻，新秩序已经重建。但那些沉陷于日常事务的人，却往往直到这一刻，才意识到他们经历过一个伟大的时代。但此时，他们已经错过了这些伟大时代带来的机会，他们已经无法在新秩序中占据有利的地位。对一个人来说如此，对一个组织、一个社会、一个国家来说也如此。

　　所有伟大的时代，都是变革的时代。2017 年 12 月，中共中央总书记、国家主席、中央军委主席习近平在出席驻外使节工作会议时提出我们当前面临着"百年未有之大变局"这一论断。这一论断无疑是正确的：一方面，近年来诸如新冠疫情、地区冲突等一系列事件为国际社会带来了极强的不确定性；另一方面，人工智能的急速发展、我国综合实力的继续攀升，又为人类的发展、民族的复兴带来了无限的希望。所有这些事实都以其巨大且深刻的影响宣示，我们所处的正是一个变革的时代、一个伟大的时代。

一

　　在这个变革的时代，我国高等教育界前所未有地承担着两种责任：其一，我国高校必须能够产出一批硬核的科学研究成果，这些成果能够助力我国积极参与全球政治经济新秩序的建立；其二，高校必须能够培养一批优秀的青年人才，这些人才能够推进我国当前以及下一个时代的经济社会发展。培养一批科研、教学能力卓越的高校教师，成为当前我国高等教育界履行这两种责任的交叉点和工作重心。

　　在这个变革的时代，我国高等教育界又前所未有地面临两重挑战：其一，新冠疫情加剧了包括我国在内的所有经济体的财政压力,以政府财政拨款为主要经费来源的高校必须更加高效地开展教学、科研、培训等工作;其二,我国人口结构的变化意味着高校规模、大学生和研究生规模将趋向于相对稳定,高校的教师队伍建设必须转向以提升质量为主。高校新教师的招聘和培养,成为高校提升教师队伍质量的切入点。

但是,在任何时代——包括在变革的时代——人们又极易被时代所裹挟。新冠疫情发生之后,越来越多的本科生和硕士生选择在毕业之后攻读博士学位而非直接进入就业市场。这类选择在当前是一种权宜之计,增加了若干年后高校教师就业市场的供给,也增加了他们在博士毕业之后职业选择的难度和获取教职的难度。尤其是,随着国内高校综合实力和声望的提升,越来越多的留学生也将国内高校视为获取教职的优先场所。

被时代裹挟的还有高校。尽管从整体上来看,我国高校在聘用师资方面拥有了更多的选择。但在财政压力之下,许多高校开始追求"短期主义",即过分地关注于引才而非育才。高校之间招聘工作的竞争日益白热化。高校纷纷出台了各种令人眼花缭乱的引才政策。这些引才政策加剧了求职者与高校间的信息不对称,并加剧了教师在高校之间的频繁流动。但与此同时,高校对教师的培养和成长的关注则相对不够。

高校中存在的"短期主义",将产生三个层面的影响。在个人层面,教师无法享受稳定的科研教学环境,因此难以耐心地开展高质量科研,难以负责任地进行教学。在学校层面,高校无法形成稳定的师资队伍,因此无法有序地开展学科建设。在社会层面,高等教育界的生态会恶化,并滋生包括"海归"再次"归海"在内的人才流失现象。为克服这种"短期主义"倾向及其产生的负面影响,有必要探索教师发展培养的新思路、新路径、新实践。

二

因循守旧在变革的时代变得极不适宜。马克斯·韦伯(Max Weber)所称的来自习惯的"传统权威"逐渐丧失了其号召力。面对着充斥于变革时代的各种全新挑战,人们因地制宜地开始了全新的探索——往往是以一种"摸着石头过河"的方式。在探索的最初阶段,经验的价值开始获得重视,而理论的价值尚无法被凸显:因为,我们尚无法依赖产生于某一特定客观环境的、有限的经验,总结形成一种可应用于更多元场景的、普世性的理论。

但是,我们不应该舍弃理论的价值——即便是在一个因充满变革而更重视探索的时代。不过,我们要谨记,在变革的时代,理论的形成往往需要更广阔的视角。我们不可夸大产生于某一特定客观环境经验的价值,并盲目地宣称这些经验可以复制到更多元的场景。而是需要广泛了解产生于不同场景的经验,谨慎分析这些经验的局限性和有效性——只有如此,我们才能从这些经验中筛选提炼出可应用于更多元场景的理论的素材。

如亚里士多德在《尼各马可伦理学》中所言:"一切技术、一切规划以及一切实践和抉择选择,都以某种善为目标。"当我们尝试探索一种理论的同时,也在摒弃只服务于自我的私欲、只关注当下的短视。我们在探究一种新的高校青年教师培养机制时,也坚决地摒弃了上文所说的"短期主义"——我们的目标是探索一种能促进高校青年教师个人发展,助力高校师资队伍建设,提升我国高等教育生态的培养机制。

在尝试探索一种机制时,我们也在力图使其具有实践上的价值——我们往往希望这种新的机制能够克服现实中的困难和制约。如前文所言,我国高等教育界前所未有地承担着两种责任,又前所未有地面临着两种挑战。在探究高校青年教师培养机制时,我们所想做的正是克服政府财政紧缩、社会人口结构变化对高校教师培养产生的压力,以更有效、更有用的方式做好高校教师培养工作,从而为国家积极参与全球政治经济新制度的建立、为我国当前及下一个时代的经济社会发展贡献力量。

三

如前文所言,我们当下所处的时代是一个变革的时代。这样的时代,是重视探索、重视经验的时代。2013 年 6 月,上海市教育委员会发布《上海市关于高校新教师岗前培训的通知》,委托华东师范大学、上海师范大学承担有关高校新教师的岗前培训工作,实现了高校新教师入职培训由各高校自主实施到全市范围内统一领导、统一方案、统一要求、全市统一培训和学校自主培训相结合的方式的转变。自 2013 年至 2022年,作为华东师范大学高校新教师岗前培训项目负责人,本书作者深入、细致地参与了历次培训工作。从某种角度上来看,本书是作者对这近十年经验、探索的凝练。

本书是作者主持的科研项目"长三角高校新教师联合培养机制探索"的阶段性成果。此项目是上海市 2022 年度探索长三角区域一体化教育领域新机制实验项目的 26 个入选项目之一。自 2022 年 1 月承接项目以来,本书作者采用了宏观的、历史的、比较的视角来思考高校新教师培训。作者系统地梳理了国家及长三角地区各省市自 1996 年至今的高校教师岗前培训政策文件,调研了上海、浙江、江苏、安徽的高校教师岗前培训实践,分析了我国高校教师聘用的现状、特色和趋势,尝试从理论层面对这一问题进行思索。因此,从这种角度来看,本书又是作者对这 2 年思考、2 年求索的凝练。

本项研究试图超越传统实践中对待高校青年教师培训的保守态度,抓住变革的时代所赋予的机遇,直面变革的时代所带来的挑战,推动一项新的培训模式的形成。在变革的时代,任何研究都可以具备一定的创新性。但同时,没有任何研究可以宣称其具有终结他人探索的权威。换言之,在变革的时代,所有的研究都具备开创和传承的双重意义,本书也不例外。因此,在结构上,本书包含理论篇和实务篇两大部分。作者希望通过前者,与广大同仁一起协力拓展、拓宽一个新的研究领域;希望通过后者,能够为对这一领域感兴趣的后来者提供研究的素材,以裨益后学。

<h2 style="text-align:center">四</h2>

没有任何著作可以声称是某个人独自努力的结果。本书的撰写受到了许多组织、个人的支持和帮助。能成为上海市 2022 年度探索长三角区域一体化教育领域新机制实验项目入选项目之一,本书作者感谢上海市教育委员会的资助支持。上海市教育委员会倡导的这项工作,在理论研究上具有非常强烈的先导性,也是其积极响应国家长三角战略的具体实践。

在对上海市高校新教师岗前培训项目的综合梳理过程中,作者先后请教了时任上海市教育委员会人事处处长周景泰、副处长陆震,现任人事处副处长于希嘉等同志,由衷感谢市教委领导对华东师范大学项目承办过程中的管理与指导;感谢项目团队成员,即刘永老师(教务管理)、万淼老师(财务管理)、崔慰老师(班主任与助教管理)、叶琪老师(数据统计与分析)、邵娜英老师(艺术设计与宣传)、尚梦珣老师(临时党支部建设与现场运营)等同事,正是同事们的群策群力、共同担当,才成就了上海市高校新教师岗前培训项目执行的平稳顺畅、突破创新、可持续发展。本书的出版,还得益于华东师范大学出版社刘祖希老师的帮助,感谢他耐心细致的工作。

最后,作者衷心地希望有更多的同仁能够加入对高校教师培养这一重要问题的探索,一起为高等教育界助力国家参与全球政治新秩序的建立、为国家下一代人才的培养贡献力量!

张 斌

2024 年 4 月于上海

目　录

下篇：实务篇

上篇：理论篇

导　论

　　厘清与界定研究对象的内涵和外延,是做好一项研究的首要问题,是与研究领域、研究兴趣相同或相关的其他研究者展开探讨的基础,也是清晰地向更广大读者介绍拟研究对象情况的基础。导论部分主要区分三个问题:其一,何为高校教师;其二,何为教师发展;其三,何为长三角地区。

一、高校教师的范围

　　本书关注的高校教师,指的是在高等学校从事教学或科研的教师,与其是否在其部分或整个职业生涯中担任某些行政职务无关。与本研究相关的另一概念为高校的"其他教育工作者"。根据《中华人民共和国高等教育法》,高校"教师"实行教师职务制度(通俗中则被称为职称制度),而"其他教育工作者"则包括实行教育职员制度的"管理人员"、实行专业技术职务聘任制度的教学辅助人员及其他专业技术人员。在实践中,"其他教育工作者"往往被称为与承担教学和科研任务的"教师"相对的"职员",两者被合称为"教职员工"。在这两者中,"教师"以获取较高的职称层级为职业发展的标志,"职员"则以获取较高的职务层级为职业发展的标志。

　　根据人力资源社会保障部、教育部2020年印发的《关于深化高等学校教师职称制度改革的指导意见》,高校教师职称共分为3级4层,从低到高依次为初级、中级、副高级、正高级,对应职称名称一般依次是助教、讲师、副教授、教授。同时,《关于深化高等学校教师职称制度改革的指导意见》还鼓励有条件的高校探索教师职务聘任改革,设置助理教授等职务。目前,清华大学、北京大学、复旦大学、上海交通大学、同济大学、南方科技大学等境内高校均已经出现了"助理教授"这一群体。在高校工作的实习研究员、助理研究员、副研究员、研究员也被广泛认为是高校教师。在职称层级上,实习研究员为初级职称,助理研究员为中级职称,副研究员为副高级职称,研究员为正高级职称,分别与助教、讲师、副教授、教授对应。本书将这些群体归入高校教师群体之中。在高校工作的博士后(包括师资博士后)不具备职称,但由于他们主要从事科学研究乃至教学工作,且相当部分博士后以在高校获取教职作为职业目标,因此本书将博士后视为广义上的高校教师。

本书将博士后视为广义上的高校教师的原因还有:一方面,国内的博士后数量于近几年急剧增长。另一方面,在国内,实质上实行长聘教轨、非长聘教轨的高校也越来越多,而博士后和非长聘教轨教师在高校的流动性、高校对博士后和非长聘教轨教师的管理具有高度的相似性,即个体层面的没有"编制"或高校层面的"非升即走"制度。除此之外,尽管初级职称的助教/实习研究员、中级职称的讲师/助理研究员、副高级职称的副教授/副研究员以及正高级职称的教授/研究员,均为《中华人民共和国高等教育法》《关于深化高等学校教师职称制度改革的指导意见》中规定的高校教师群体,但实践中本科层次高等院校广义上的教师群体仍以讲师/助理研究员、副教授/副研究员、教授/研究员以及博士后、助理教授为主——助教、实习研究员较为罕见。

表0-1　广义上的高校教师及对应职称层级

职 称 名 称	同层级职称其他教授名称	职 称 层 级
助教	实习研究员	初级
博士后	—	—
助理教授	—	—
讲师	助理研究员	中级
副教授	副研究员	副高级
教授	研究员	高级

注:助理教授为聘任职务,不具有职称性质。

高校的"教师"和"其他教育工作者"存在交叉。"教师"群体中的相当部分仅从事教学和科研工作,也有部分担任行政职务或教学辅助等工作,从而既属于高校"教师"又属于"其他教育工作者"。大多数博士后、助理教授、讲师/助理研究员只从事教学科研工作,他们仅属于"教师"而不属于"其他教育工作者";部分副教授/副研究员、教授/

研究员担任如学校和院系的负责人(校长、副校长、院长、副院长、系主任、副系主任)以及学校内设机构的负责人(如科研处处长、教务处处长等),他们则既属于"教师"又属于"其他教育工作者"。有必要指出的是,本研究将仅担任实体院系以外科学研究组织负责人的教师(如学科带头人、部分研究中心主任等)视为单纯的"教师"。因为,这些名头所带来的行政事务较少,也通常不影响拥有这些名头的教师的待遇。实际上,倘若这些名头也作为行政职务,将会给高校的行政管理带来极大的混乱。正是因为这两方面因素,实体院系以外科学研究组织的负责人,也通常被认为是"虚职",尽管拥有这些名头对教师的发展会产生或大或小的影响。

二、教师发展的范围

如前文所说,"教师"以追求职称层级的提升为主要目标,例如由讲师/助理研究员晋升为副教授/副研究员,由副教授/副研究员晋升为教授/研究员。与此相对,尽管或实行教育职员制度或实行专业技术职务聘任制度,实践中"其他教育工作者"均以职务提升为主要目标,例如由科长晋升为副处长,副处长晋升为处长,因为职务的提升更能显著地改变这些人的待遇、权限、声望和声誉。因此,从个体层面来看教师发展的定义,不仅包括仅属于"教师"而不属于"其他教育工作者"的教师的职称层级的提升,还包括既属于"教师"又属于"其他教育工作者"的教师的职务的提升。讲师/助理研究员晋升为副教授/副研究员,副教授/副研究员晋升为教授/研究员,以及职务由副处长晋升为处长等类情况已经为各界所熟悉,无需赘述。但是,在此仍有必要简要地对博士后与助理教授的区别进行说明。一方面,博士后与助理教授的区别尚未能被广泛认识到;另一方面,本研究主要聚焦高校新教师,而博士后、助理教授是高校新教师担任的主要身份。

博士后与助理教授均不具有职称,尽管两者似乎处于相同或相似的地位,但实际上两者存在较大不同。一方面,博士后与助理教授承担的责任不同。大多数博士后不承担或较少承担教学工作;大多数助理教授则承担相当的教学工作,有些高校的助理教授甚至可以指导博士生。另一方面,博士后与助理教授的职业发展从群体上来看存在差异。博士后从某一高校的博士后科研流动站出站后,有可能在同一博士后科研流动站或另一博士后科研流动站继续从事博士后工作,也可能被这一高校或水平相当的高校聘为讲师或助理教授,但较少直接被这一高校聘为副教授以及教授。而助理教授在达到考核要求后,被所在单位聘为副教授的可能性则相对较大。对有志于获取教职的群体而言,助理教授可能是比博士后更具吸引力和竞争力的职业职位,也因此更具竞争性。更何况,从《关于深化高等学校教师职称制度改革的指导意见》中"鼓励有条件的高校探索教师职务聘任改革,设置助理教授等职务"的表述判断,在相当一段时间内,助理教授这一岗位尚仅出现在实力相对较强的高校。

三、长三角地区的范围

长三角地区并不单纯是一个自然地理概念,其边界可随着其承载的政治经济使命而有所改变。1949年后,长三角地区的范围也的确发生了数次变化。2008年,国务院发布《关于进一步推进长江三角洲地区改革开放和经济社会发展的指导意见》,文件将长江三角洲地区定义为上海市、江苏省和浙江省三个省份;2019年12月,中共中央、国务院印发《长江三角洲区域一体化发展规划纲要》,文件则将上海市、江苏省、浙江省、安徽省全域定义为长三角地区,相较于国务院2008年相关文件增加了安徽省。除此之外,还有数个文件提及相关长三角地区的边界,但这些文件中关于长三角的定义也有着不同。

如前所述,长三角地区的边界由其承载的政治经济使命决定。在教育领域,长三角地区最早的合作是上海市、江苏省、浙江省于2009年3月召开的首届长三角教育联动发展研讨会。该研讨会在国务院下发《关于进一步推进长江三角洲地区改革开放和经济社会发展的指导意见》的第二年召开,可谓非常具有创新性。在会议上,上海、江苏、浙江三地签署了《关于建立长三角教育协作发展会商机制》,形成了每年召开会议的合作框架。2012年,安徽省正式加入长三角教育协作体。同时考虑到2019年12月、2021年6月先后发布的《长江三角洲区域一体化发展规划纲要》《长三角一体化发展规划"十四五"实施方案》也均将上海、浙江、江苏、安徽等四地纳入长三角地区,本研究认为,当前对长三角地区教育领域的研究,应覆盖上海、江苏、浙江、安徽等三省一市。

导论部分对高校教师范围的界定、对教师发展范围的界定及博士后与助理教授的区分、对长三角地区范围的界定,主要是为了便于本书后文相关内容的展开。本书其他关键性问题,将在其他部分展开分析。

第一章　韦伯《以学术为业》演讲的启示

1917 年 11 月 7 日,杰出学者马克斯·韦伯(Max Weber)在德国慕尼黑市斯坦尼克艺术厅发表了主题为《以学术为业》(Science as a Vocation)的著名演讲。这篇演讲吸引了众多听众。这些听众中,既有尚未毕业的年轻大学生,也有已经在高校拥有教职的学者。作为当时已经极负盛名的思想家,作为 30 岁即被著名的弗莱堡大学(Freiburg University)聘为正教授的大器早成的学者,时年 53 岁的韦伯在这次演讲中对学者在德国与美国的学术体系中的成长路径、德国学术研究机构的"国家资本主义化"和"美国化"的趋势、高校教师研究和教学之间内在的张力做了极具洞见的阐述和极其前瞻的预判。《以学术为业》演讲的深刻性和预判性,使其成为教师可从中汲取养料、指导自我职业发展的重要文献,也使其成为负责教师队伍建设的单位和部门可参阅的重要文献。

一、韦伯《以学术为业》演讲的背景

在 20 世纪初叶,即韦伯作《以学术为业》演讲的年代,德国的学术体系和美国的学术体系有着重大的区别,但前者已经开始向后者趋同。在韦伯所在的德国,有志于学术的人必须从"私讲师"(Privatozent)做起。私讲师是德国大学教职中最低的一级。尽管私讲师已经获取了稳定的教职,但与其他更资深的教师相比,私讲师的经济收入完全依赖于学生的听讲费,大学并不发放薪水给他们。由此,私讲师往往希望开设更多的课程以提高自己的经济状况。但是,在实践中私讲师往往只能或只会开设一些次要的课程,以避免冒犯那些资深的教师。于是,私讲师"被迫"地拥有了大量可以用来从事科研的时间。当然,在工作若干年之后,私讲师会期待被允许开设一些主要的课程。[1]

1　马克斯·韦伯. 学术与政治[M]. 阎克文,译. 上海：上海人民出版社,2021.

与德国当时的情况不同,"助理教授"是当时有志于学术的人在美国开始学术生涯的必经之路。但是,助理教授并非正式教职——尽管,助理教授可以从学校获得微薄但稳定的收入。这份收入的代价是,助理教授必须服从学校的安排。如果助理教授的表现不符合学校的预期——在韦伯作《以学术为业》演讲的年代,学校对助理教授的预期为承担繁重的教学任务、招徕大量的学生——他们可能会被学校解雇。因此,20世纪初叶,美国的助理教授往往需要承担非常繁重的教学任务。韦伯指出,只有部分助理教授最终可以在学校获取正式教职,而且他们获取正式教职往往要经过较长的一段时间。[1]

可以看出,在20世纪初叶,德国的私讲师与美国的助理教授在以下方面存在区别:其一,讲课对德国的私讲师而言是一种所欲追求的权利,但对美国的助理教授而言却是一种不得不承担的义务。其二,已经拥有正式教职的私讲师的职业发展更多地受到潜规则的影响,即对冒犯资深教师及由此招致后果的担忧;尚未拥有正式教职的助理教授的职业发展则首先取决于正式制度,即是否能满足学校的期望和要求。在当时,美国高校的要求主要是教学。其三,德国与美国的学术体系试错成本不同,就时间层面的成本而言,前者远小于后者。从某种程度上来看,相对于德国的学术体系,美国学术体系具有一定的悲剧性:在德国的学术体系中,人们可以很快知道自己是否能够进入德国的学术体系,从而决定是否修正自己的职业规划,如从学术界退出而到企业或市场中工作;但在美国的学术体系中,这种探索往往要耗费数年。

韦伯将20世纪初期德国与美国学术体系的不同,归因于官僚制度对美国学术体系的浸润。这一论断,可能一定程度上出于韦伯对官僚制的研究。韦伯还预判,德国学术研究机构有着"美国化"趋势。韦伯发表《以学术为业》演讲之后的时光印证了这位思想家的正确性。这一百余年,美国的学术体系尽管不断完善,但仍大体延续了20世纪初叶的制度:高校继续存在非长聘教师和长聘教师,前者需通过学校考核才能成为后者。当然,在当前美国高校的考核更多地关注科研而非教学。美国的学术体系也影响到其他国家,许多国家的大学都设置了长聘教职和非长聘教职。例如,我国人力资源社会保障部、教育部2020年印发的《关于深化高等学校教师职称制度改革的指导

---

[1] 马克斯·韦伯.学术与政治[M].阎克文,译.上海:上海人民出版社,2021.

意见》，也鼓励有条件的高校探索教师职务聘任改革，设置助理教授等职务。[1] 或者至少，博士后制度在实质上与美国学术体系设置非长聘助理教授制度具有高度相似性，而前者已经在各国广泛地实施。在 1985 年我国实施博士后制度之后，中国的高校也普遍性地出现了大量博士后研究人员。

引进准聘长聘制（Tenure Track System）是学术研究机构"美国化"的重要体现。各国学术研究机构趋向"美国化"现象的产生，既有美国学术体系较为成熟因此引起各国借鉴的因素，也有各国高等教育规模不断扩大导致高校毕业生——尤其是博士——数量激增的因素。在第二次世界大战之后的七十余年，全球主要经济体的高等教育规模先后经历了从急剧扩大到趋向平稳的转变。这意味着全球范围内对高校教师需求的下降。博士学位是各国最高级别的学历。但是，除非更多博士毕业生不再将进入学术界视为第一职业选择，否则他们在高校获得教职的难度将急剧增加。此时，教职供给方占据了相对于教职需求方的优势地位。引进准聘长聘制以及实施博士后制度，是作为教职供给方的高校对其享有优势地位的制度性运用。

表 1-1　准聘长聘制之下的高校教师体系

序　号	名　　称	备　注
1	助理教授	无长聘
2	副教授	无长聘
3	副教授	长聘
4	教授	长聘

注：部分高校可能仅有无长聘制的助理教授、长聘的副教授、长聘的教授 3 类。

综合实力超然的高校，往往是一国高校"美国化"的先驱，其原因是这些高校的优势地位相对明显。例如，钱颖一在担任清华大学经济管理学院院长期间，尝试参照北美研究型高校对其执掌学院的教师人事制度进行改革，把教师职称分为了助理教授

1　实际上，该文件出台之前在清华大学、北京大学的一些院系，已经出现了助理教授这类教职，可参见钱颖一.大学的改革（第一卷·学校篇）[M].北京：中信出版社，2016.

（均无长聘）、无长聘的副教授、有长聘的副教授和教授。钱颖一对清华大学经济管理学院人事制度的改革方案，于 2012 年 6 月得到清华大学校长办公室的批复。这是我国高校对教师人事制度实行准聘长聘制较早的探索。[1] 可以说，钱颖一的改革是大刀阔斧式的，因为当所有助理教授都为非长聘时，无疑将降低这类教职的吸引力，即便是给予非长聘助理教授更高的薪资收入。而且，必然始终有相当比例的人在更高的薪资收入和更稳定的工作中选择后者。清华大学经济管理学院之所以能够顺利推行该制度，与其在全国的领先地位、能够给教师更好的薪资待遇是密切相关的。截至目前，我国全面实行准聘长聘制的单位也只有清华大学和北京大学等综合实力较强的高校的全部或部分院系。

二、学术研究机构美国化的双重后果

无可否认，借鉴美国高校设置非长聘教职的制度，对高校存在多重的积极意义。"美国化"的高校通过设置非长聘教职，延长了对拟聘用的教学科研人员的考核期。高校拥有更长的时间考核自己拟聘用的人员，降低了聘用失误的可能性。在给予求职者非长聘教职期间，高校还往往会将本单位当前的阶段目标（如在一流的刊物上发表论文、获取国家级的科研项目等）作为考核这些人员的指标——这在本质上与韦伯《以学术为业》演讲的时代美国高校的做法并无区别。不过，由于世界上主要经济体的教育规模均已经趋向稳定，越来越多的重点高校（尤其是研究型大学）开始将科研产出而非教学质量视为更重要的目标，并以此作为对非长聘教师的重要考核指标。由此可见，在高校教师需求下降的情况下，高校能够通过"美国化"而受益。当然，聘用博士后在实质上对高校具有相同的功能。我国高校聘用博士后的实践要早于我国高校实施或试行准聘长聘制的实践。

高校全面实行准聘长聘制会降低对人才的吸引力。正如前文所说的，始终有相当比例的人在更高的薪资收入和更稳定的工作中选择后者。因此，除了少数实力超然的高校，其他实力相当的高校若全面实行给予所有助理教授非长聘的教职，将会导致本校不再是同等梯队高校中拟在高校获取教职人才的第一选择。由于"美国化"并非所

1　钱颖一. 大学的改革（第一卷·学校篇）[M]. 北京：中信出版社，2016.

有高校的集体选择,为保持对特别优秀人才的吸引力,大多数高校在试行或实施教师人事制度改革时,即便是在博士毕业生供给充分的背景下,它们仍会同时实施两种制度,即给予特别优秀的人才实质上的长聘教职,给予其他人才准聘教职。同时实施两种制度的高校,往往在实际上长聘的讲师、副教授、教授之外设置了助理教授这一准聘教职。与此相对,完全实施准聘长聘制度的高校则或采取助理教授、副教授、教授的教职设置方式,或采取助理教授、副教授(非长聘)、副教授(长聘)、教授的教职设置方式。

高校能够推行准聘长聘制以及越来越多的高校开始尝试推行准聘长聘制的重要原因之一是博士毕业生供给的相对充分。在普通高校教师学历层次继续提高的要求和需求下,在市场与政府对博士学位的需求没有显著增加的情况下,博士毕业人数与高校专任教师增额的变化趋势在一定程度上反映了当时博士在高校获取教职的难度,博士招录人数与高校专任教师人数的变化趋势则在一定程度上反映了未来三到四年内博士在高校获取教职的难度。[1] 教育部 2014 年至 2020 年发布的《中国教育概况》系列报告列明了当年度我国博士毕业人数、招录人数和普通高等学校专任教师人数,为粗略分析当前及未来我国培养的博士在国内高校获取教职的难度提供了数据资料。从相关数据来看,2018 年至 2019 年国内高校专任教师的人数增额出现明显的激增,降低了相应年份博士生在高校获取教职的难度。但是,2020 年高校专任教师人数增额急剧下降,与此同时,博士招生人数增长的趋势却从 2017 年延续到 2020 年。这意味着,当前在读的博士研究生在高校获取教职难度的增加。

高校能够推行准聘长聘制、越来越多的高校开始尝试推行准聘长聘制,其原因还在于非长聘教职对部分拟以学术为业的人的吸引力高于博士后对他们的吸引力。我国博士后制度建立于 1985 年 5 月,自成立至今已经历了 30 多年的探索和发展。但正如 2015 年 11 月发布的《国务院办公厅关于改革完善博士后制度的意见》中所指出的那样,博士后制度对人才的吸引力仍有待进一步加强。这种现象存在的关键原因是,博士后研究人员虽然在站期间享受设站单位的职工待遇,且部分博士后被允许承

1　具体而言,在不将由一所高校跳槽至另一所高校任职的教师视为高校新教师的情况下,每一年度的高校新教师的人数应等于下一年度高校教师人数较本年度的增额与本年度因意外死亡、退休、离职等原因离开高校教师队伍人数的总和,而其来源则包括国内高校和海外高校应届博士毕业生、国内高校和海外高校往届博士毕业生中未就业或未在国内高校就业者、少数不具有博士学位但能够在国内高校获取教职者。

担教学工作，但他们并不拥有任何真正意义上的教职——无论是长聘教职还是非长聘教职。博士后往往被认为或是误认为无法直接在高校获取教职的人暂时从事的研究岗位。实际上，相当比例的博士后也的确将获取设站单位的教职作为职业生涯的下一目标。在这种情况下，博士后科研能力低于高校教师的观点就在学术界产生并长期存续。这种观点对博士后的学术声望、论文发表、项目申请、职业发展产生了消极影响。由此，尽管非长聘教师在待遇上并不必然优于博士后，但前者却在较大程度上避免了在论文发表和项目申请时遭遇歧视。由此，在相当部分拟在高校获取教职的人看来，非长聘教职在形式和实质上都具有相对于博士后的优势。

尽管引入准聘长聘制度对学术界、对高校均具有积极的意义。但是，这种制度对尝试将在高校任教作为职业选择的人的影响则并不完全是积极的。正如前文所说的，相较于 20 世纪初叶德国的学术体系，美国的学术体系在一定程度具有悲剧色彩，即：欲将学术作为谋生手段而非志业的人，往往需要耗费数年才能验证自己投身学术界的选择是否正确。尽管博士后研究人员在站时长具有一定的灵活性，但根据《国务院办公厅关于改革完善博士后制度的意见》，这一时长一般为 2 年，最长不超过 6 年。与此相对，美国实施准聘长聘制的高校的"试用期"甚至可以达到 6 至 9 年。同时，在高校引入准聘长聘制度之后，那些欲将学术作为谋生手段的人，可能在做完一轮甚至几轮博士后之后，才能获得非长聘教职，再之后才能知晓自己是否可以获得长聘教职。进而，当这类人发现自己并不能在高校获取长聘教职时，可能也错过了投身其他职业的最佳时期。

值得注意的是，美国高校能够实施准聘长聘制有其独特因素。其中最重要的是，美国拥有世界上最大、最受认可、流动性最强的学术市场。无法在美国的一流高校中获取长聘教职者，仍旧有相当大的机会在美国的其他高校以及其他国家的高校获取长聘教职。同时，美国的教学科研人员从高校流入企业界、工业界的现象更为常见，尤其是流向智库。当然，这也与美国的教学科研人员更受企业家、工业界认可相关。在美国一流高校的非长聘助理教授，甚至会收到其他国家一流高校发出的担任正教授的邀请。[1]

1　例如，钱颖一指出，"美国受益于一个具有统一市场的大国，在人才市场上也如此。大学间人才的横向流动，不局限于一个州内，也不局限于美国国内，而是吸引全球的学术人才。而且大学内的纵向流动也很通畅，不存在所谓的学术上的绝对权威，特别是年轻人的机会很多。此外，学术界与产业界之间也有流动和竞争，这使得校内不同学科教师之间的工资差别显著。这种人才竞争保持了活力"，参见钱颖一. 大学的改革（第一卷·学校篇）[M]. 北京：中信出版社，2016.

因此,在美国继续保持世界上最受认可的学术市场地位时,美国高校实施准聘长聘制对拟在高校获取长聘教职者的职业生涯的影响仍会相对较小,因为他们总有退路。也正因为如此,美国部分一流大学给予长聘教职的"考核期"甚至可以长达9年。但是,若拟在其他国家的学术体系中获取长聘教职,就不得不考虑更多的因素。尤其是,在当前博士毕业生供给充分的情况下,部分高校给予非长聘教师的待遇并不优厚,这导致欲在高校获取长聘教职的人,必须有来自家庭或其他方面的经济支持。而从另一个方面来看,这也意味着对部分缺乏来自家庭等方面经济支持的人,在高校获取长聘教职成为一个风险系数更高的职业选择。

三、机运对学术职业发展的重要影响

那么,有志于从事学术的人的职业发展受到哪些因素的影响?韦伯直言不讳地指出"机运"(Hasard)而非"真才实学"是影响最大的因素,并断言机运在学术生涯中扮演的角色在"变本加厉"。在韦伯看来,机运对学术生涯的影响甚至大到可以将学术生涯视为一场"赌博"。韦伯认为,"在这场赌博中,机运不是唯一的决定因素,但却占有非常高的比重,我几乎不知道世界上还有哪种行业,机运在其中扮演如此重要的角色"。韦伯继而在其《以学术为业》演讲中说道:"我尤其有资格说这种话,因为当我相当年轻的时候,纯粹靠着一些意外的机运,便被聘为正教授,而在这个学科中,一些与我年龄相若的同行成就,无疑早超过我。我猜想,因为有这段个人亲身经历,我特别有锐利的目光,看出许多人尽管才气纵横,但因时运不济,而不能在这套选拔制度里,取得他们应得的职位。"[1]

韦伯将自己年仅30岁即被弗莱堡大学聘为正教授归于机运无疑具有一定程度的谦虚。但是,倘若考究韦伯的生平,我们会发现机运的确对韦伯的职业发展发挥了一定的作用——甚至可以说是发挥了不小的作用。韦伯是一位研究领域极其广泛的伟大学者,但是韦伯的学术生涯早期对经济学的关注相对较少。1882年至1884年,韦伯先后就读于海德堡大学法律系和柏林洪堡大学,并分别于1886年、1890年通过第

1　马克斯·韦伯.学术与政治[M].阎克文,译.上海:上海人民出版社,2021.

一、第二阶段的法律考试,并在柏林的法院短暂任职。韦伯对经济学的系统关注可能源自他 1889 年博士论文《中世纪商业组织的历史》的写作。他的博士论文是一项兼顾经济史与法律史的研究。1891 年,韦伯又以《罗马的农业历史和其对公共法和私法的重要性》获得了对商业法、日耳曼法和罗马法的授课资格。1893 年,因当时著名的经济学教授莱文·戈德施密特(Levin Goldschmidt)生病,韦伯得以暂代他的教职,并能够在德国的学术体系内每周有近二十个小时的经济学授课时间——正如本书前文所言,在韦伯所在的时代,只有资深的教授才有资格和机会讲授较重要和较长课时的课程。在 1884 年秋季,韦伯接受了弗莱堡大学经济学正教授的教职。[1]

倘若说韦伯能够成为伟大的历史学家、政治学家、哲学家、经济学家,能够与卡尔·马克思(Karl Marx)、埃米尔·涂尔干(Émile Durkheim)并肩成为社会学的三大奠基人,在很大程度上取决于韦伯的天赋和努力。韦伯的努力也正如他在弗莱堡大学担任教授时对其夫人玛丽安娜(Marianne)所说的,“我若不工作到凌晨一点,就不可能算一个教授”。但是,韦伯在 30 岁时即被聘为经济学正教授——而非社会学或历史学、政治学、哲学正教授,在很大程度上取决于他 1889 年博士论文的写作。其研究领域延伸至经济学领域,而 1893 年戈德施密特身体状况的恶化是韦伯能够在德国的学术体系中讲授重要经济学课程的机缘,也为一年后弗莱堡大学向韦伯发出经济学正教授邀请创造了条件。而与此相对,同样极具天赋的涂尔干,在尝试于巴黎大学谋取教职时,因为学术观点不被接受而只能被迫暂时先在中学教书。而马克思甚至因普鲁士政府的迫害只能流亡海外。由此可见,即便对于极具天赋的学者而言,机运对他们的职业发展也是极为重要的。

韦伯所说的机运包含一些天赋的因素。韦伯指出,教师是否能够吸引学生取决于纯粹偶然的因素,例如性情、声音的抑扬顿挫等。这些因素无疑在很大程度上是先天的,尽管也在较小程度上受到后天的影响。另一重要的机运则是思维能力,或者韦伯所说的“具有决定性作用的‘灵感’”[2]。不同人的思维能力相差可能极大。甚至,对某些学术工作者而言,“灵感”可能永远不会出现。有些人天生比另一些人更适合学术思

1　H. H. Gerth & C. Wright Mills, trans, & ed. *From Max Weber: Essays in Sociology* (New York, 1946), 3 - 31.

2　马克斯·韦伯. 学术与政治[M]. 阎克文,译. 上海：上海人民出版社,2021.

考,而人们的思维能力在一定程度上还受到其所处的学术环境、其个人经历的影响。若一个人所处的环境发生剧烈变动时,往往能激发其对相关事务的深刻思考。尤其是在社会科学方面,对某一领域的深刻思考,往往源自对相关领域情况变迁的体验。例如,法国政治社会学的奠基人阿历克西·德·托克维尔(Alexis de Tocqueville)能够写出《旧制度与大革命》《美国的民主》这些享誉世界的学术著作,与他亲历法国王朝和政治制度变迁、亲赴美国体验文化的冲击是密切相关的。实际上,即便是文学家的作品也受作者经历的影响。曹雪芹《红楼梦》和鲁迅作品的深刻与他们家庭的由盛转衰相关;陀思妥耶夫斯基《罪与罚》《被侮辱与被伤害的》《卡拉马佐夫兄弟》等作品的深刻则与陀氏的参军、患有癫痫、被流放等经历相关。

四、学术研究机构国家资本化的影响

尽管学术成就一度在较小程度(相比于学术职业发展)上受到机运影响,但学术研究机构的"国家资本主义化"趋势使得机运的影响不容小觑。实际上,正如韦伯在演讲中所说的,即便学术研究机构的"国家资本主义化"使"旧式大学的构成方式都已成为幻影",但"唯一不曾消失,并且有变本加厉之势的,乃是机运在大学学术生涯中所扮演的角色"。[1] 的确,马克思、涂尔干以及其他极富天赋的社会科学学者,无论机运对他们的学术生涯造成了何种影响,他们终能凭借其天赋和努力,在学术发展的历史长河中留下他们的印记、做出他们的贡献。虽然涂尔干在毕业之初只能到中学教书,但他在 29 岁时获得了波尔多大学(Université de Bordeaux)的教职,并在这所学校创建了法国第一个教育学和社会学系,又在 44 岁时成为巴黎大学(Université de Paris)教育部的主席,产生了非常大的学术影响。一生都未在学术研究机构担任过重要职位的马克思则通过孜孜不倦的努力,撰写了《资本论》《共产党宣言》《德意志意识形态》等重要著作,影响了一批又一批的经济学者、政治学者、社会学者乃至政治家,譬如列宁等共产主义革命家以他的思想为媒介,改变了世界政治经济的走向。

但是,马克思和涂尔干等社会科学学者的学术成果、学术影响之所以较少地受到

---

1 马克斯·韦伯. 学术与政治[M]. 阎克文,译. 上海:上海人民出版社,2021.

机运的影响,则是因为他们所研究的领域和他们所处的时代。正如韦伯所说的,在他们所处的时代,马克思、涂尔干从事的研究领域尚属于"国家资本主义化"终将波及的"研究人员自行拥有工具(主要指图书馆)的学科"[1]。韦伯所说的学术研究机构的"国家资本主义化"指的是大型医学或自然科学的研究机构需要庞大的经费支持,在许多国家这些经费主要由也只能由国家来提供。换言之,在韦伯和马克思、涂尔干的时代,从事社会科学创作尚能够不依赖或只在很小程度上依赖学术研究机构的情况下产出杰出的学术作品,在当前这一可能性已经极低了。实际上,即便是在马克思所生活的时代,如果不是弗里德里希·恩格斯(Friedrich Engels)的资助,对经常穷困潦倒的马克思来说,不依托一所大学的图书馆而自行收集、阅读撰写《资本论》以及其他重要著作所需的成百上千种文献,在经济上可能也是难以实现的。

韦伯进而指出,学术研究机构的"国家资本主义化"终将波及这些"研究人员自行拥有工具(主要指图书馆)的学科"。[2] 在当前,大学的经费需求已经远非个人乃至企业的财力所能及。也正因为如此,除美国以外的许多国家的顶级大学在财政上极大地依赖于政府财政拨款。而即便是美国依赖私人捐助的高校,其资金的来源也绝非某一所或数所企业所能承担。实际上,美国大学校长的主要职责是募集资金而非管理学校内务。美国大学之所以由校长而非其他校领导以及学校内设机构的负责人来主要负责这项工作,也在相当程度上是因为只有给予从事这项工作的人如此重要的职务,才能赢得潜在捐献者的认可。同时,这也从侧面印证了当前为高校募集足够资金是一项非常繁重的工作,绝非简单地游说数个富豪、数个大企业就可完成,所以必须由大学校长来将主要精力放在这项工作上。当前更常见的情况是,某一富豪和某一大型企业的捐赠仅可支持高校新建一个院系或设置一个或数个讲席。

学术研究机构的"国家资本主义化"导致能否在一流的高校获取教职,对学者的学术成果影响极大,尤其是从事自然科学和医学研究的学者。这些学科的学者,如果不能在一流的高校获取教职,就几乎失去了运用科研工具的机会,也就无法产出优秀的研究成果。实际上,对于那些实验仪器极为贵重的研究来说,即便在某一高校中获取教职也并不一定能够保证有权限使用这些实验仪器。由此导致的可能结果之一是,不

1　马克斯·韦伯.学术与政治[M].阎克文,译.上海:上海人民出版社,2021.
2　马克斯·韦伯.学术与政治[M].阎克文,译.上海:上海人民出版社,2021.

仅大学的负责人会"诚心地认为机构是'他的'机构,用他的方式去管理"[1],大学的院系负责人甚至大学实验室的负责人也会有相同或相似的认知和工作作风,在处理所负责机构的内部事务时会具有高度的专横倾向。与此相对,其他人则在相当程度上必须服从于机构负责人合理与不合理、公正与不公正的决策。例如,在重点实验室,实验室的负责人甚至可以拥有禁止不受其欣赏的教师使用实验室仪器的权力,对该实验室的教师而言,受实验室负责人的欣赏就成为一项与学术成果极为相关的工作。由此可见,学术研究机构"国家资本主义化"导致的重要结果之一是放大了机运对学术生涯的影响,并加深了学术研究机构的"官僚化"趋势。

五、研究工作与教学工作的内在冲突

韦伯在其《以学术为业》中指出,从事研究与从事教学难以兼得。这两者不仅仅存在时间分配上的冲突,也许同样重要的是,做好研究和讲授好课程所需的素质并不完全吻合。擅长研究的人,教学水平可能极为糟糕,反之亦然。韦伯认为,大学同时肩负着研究与教学两种责任。在他看来,以适当的方式呈现学术问题,进而启发他人对相关问题的独立思考是教育使命中最艰巨的任务。这种教育使命的履行,以研究分析问题能力为基础,以讲授能力为延伸。这种使命的完成与否,不能以(或者不能仅以)吸引学生的多少为判断依据。换言之,在韦伯看来,独立思考是学术中最重要的能力,一项独创性的研究比多个毫无新意的研究更有价值,而学者的研究能力则不可衡量,尤其是那些有志于创新的学者的研究能力。韦伯还认为,引导启发学生进行独立思考(而非取悦学生)是教学中最艰难的任务,教学的质量绝不能用吸引学生的多寡来衡量。韦伯认为,当时的德国将教学能力对有志于从事学术的人的影响大到了不适宜的程度。他不无惋惜地说:"说某某教授是个糟糕的老师,通常无异于宣布他学术生命的死刑,即使他是举世数一数二的学者。"[2]

但是,在韦伯演讲的100余年之后,情况已经有所不同。在韦伯作《以学术为业》

1　马克斯·韦伯.学术与政治[M].阎克文,译.上海:上海人民出版社,2021.
2　马克斯·韦伯.学术与政治[M].阎克文,译.上海:上海人民出版社,2021.

演讲的时代,教学被过度地重视了;而在当前的时代,教学则被过分地轻视了。这种变化,既有大学的因素,也有教师的因素,而后者又取决于前者。在大学层面,相较于教学水平,科研成果是一个更容易横向对比的指标。实际上,许多有影响力的大学排行榜在对大学进行排名时,也都将学术研究作为权重较高的指标。例如,软科世界大学学术排名将各学科领域被引用次数最高的学者数量、在《自然》(Nature)和《科学》(Science)上发表论文的折合数、被科学引文索引(SCIE)和社会科学引文索引(SSCI)收录等三项指标的论文数量分别赋予20%的权重(共计60%);2021年泰晤士高等教育(THE)世界大学排名分别赋予研究、引文等两项指标30%的权重(共计60%);QS世界大学排名分别给予学术领域同行评价、单位教职论文引用数等两项指标40%、20%的权重(共计60%);U. S. News世界大学排名则给予文献计量指标共计65%的权重。由此必然导致,高校为了自己的排名(或者说声誉)以及由此可能获取的财政拨款、捐赠,不得不高度关注科学研究和论文产出。

表1-2 部分大学排行榜中学术研究相关指标和权重

排 行 榜	学术研究相关指标	总权重
软科世界大学学术排名	1. 各学科领域被引用次数最高的学者数量(20%); 2. 在《自然》(Nature)和《科学》(Science)上发表论文的折合数(20%); 3. 被科学引文索引(SCIE)和社会科学引文索引(SSCI)收录(20%)	60%
泰晤士高等教育(THE)世界大学排名(2021)	1. 研究(30%); 2. 引文(30%)。	60%
QS世界大学排名	1. 学术领域同行评价(40%); 2. 单位教职论文引用数(20%)。	60%
U. S. News世界大学排名	文献计量指标(65%)。	65%

正如前文所说的,当高校重视科研产出时,就会将科研数量和质量作为对教师进行考核的重要指标。由此,高校教师也必然不得不重视科学研究。尤其是那些尚未获得长聘教职的教师。实际上,相当数量的高校将在聘期内是否有一定量的科研产出作为是否给予非长聘人员续聘的唯一考量标准——相当数量的博士后无须承担教学工

作。在具体操作上,高校不仅重视教师产出论文的数量,也重视教师产出论文的质量。由此,在权威期刊或核心期刊上发表的论文往往在评估时抵得上数篇发表在一般期刊上的论文,国家级的科研项目也往往抵得上数个省部级的科研项目。发表于不同刊物上的论文和不同等级的科研项目量化比例,不同的高校可能会有不同,同一高校在不同的时期可能也会不同。例如,在 A 高校可能更为重视权威刊物、核心刊物,认为一篇发表于权威刊物、核心刊物的论文可抵得上 10 篇发表于一般刊物的论文,而在 B 高校,前者可能只能抵得上 3 篇发表于一般刊物的论文。同时,科研产出还是决定教师职称的主要甚至唯一量化评估因素。但无论如何,这些因素都导致当前高校教师必须过分地关注科研而较少地关注教学。

高校教师还主动倾向于将主要精力放在科研上。当前,学术市场已经基本形成,高校教师从一所高校跳槽至另一所高校的情况相比过去要频繁得多。由此导致,从时间维度上来看,教学成果对高校教师的影响相应变短。一所高校对某一教师授予的教学成果方面的奖项,几乎完全不会被另一所高校所承认。而省部级及以上的教学奖项,也许会在更大程度上为其他高校所承认,但由于这些级别的教学奖项获得者人数过少,导致其无法成为一个有效的对高校教师进行区分的指标。因为,同样未获得省部级教学奖的教师的教学能力可能相差极大。与此相对,高校教师的科研成果却可以伴随其一生。换言之,优异的科研产出是高校教师能"纵横"学术界的"硬通货"。因此,高校教师也会有意地、主动地将主要精力投入在科学研究上。同时,与科研能力相似,教学能力也在一定程度上依赖于后天有意识的训练和扬长避短。尤其是,当高校教师未将心思放在教学上时,其教学能力往往仅能维持在过得去的程度,即在授课时不至于遭遇学生的嘲弄即可,学生有一定比例的出席率即可,他们并没有太强的动力去完善自己课程的设计和讲授。

由此可见,从事研究与教学工作具有一定的内在冲突。一方面,做好的学者和做好的教师所需要的能力并不必然相同。前者更多地取决于能否对一些问题做独立思考,而后者则更取决于性情、声音的抑扬顿挫等。这些情况很大程度上是"机运"决定的。韦伯还指出,高校教师的授课受欢迎与否,完全取决于选这位老师教授课程的学生人数。但在韦伯看来,即便是受数百上千名学生欢迎的课程,倘若不能激发学生对一些问题的独立思考,也绝非一门好的课程。另一方面,高校对教师的选拔标准会影响高校教师时间和精力的投入。但是,高校教师的时间和精力是有限的,当投入科研的时间精力多了,投入教学的时间精力就必然会减少。进而,当前高校对教师的考核机制以及学术大市场的形成,使得高校教师主动和被动地将精力投入到科研上面。从而,高校教师乃至高校对教学的责任就有所轻视。

六、韦伯《以学术为业》演讲的启示

韦伯的演讲揭露了许多残酷的事实。因为,相比于其他因素,个人所能够起的作用越来越小。哪怕是那些极有天赋、极其努力的高校教师,也无法保证自己职业生涯的顺利。从这个角度来看,韦伯的《以学术为业》无疑具有一定的悲观色彩。因为,这意味着对高校教师,哪怕是那些极有天赋的高校教师来说,努力并非其职业生涯能够顺利的充分条件。不过,韦伯在演讲中从高校教师视角出发对"可为"与"不可为"和"想为"与"能为"等范畴的区分,对高校教师提升自我、相关单位和部门开展高校教师队伍建设具有重要的参考意义。

对在高校任职的教师而言,在看到努力并不能保证职业生涯的消极一面的同时,还应该注意到积极的一面:在"不可为"之事外,还有"可为"之事;在"想为"之事中,则有"能为之事"。因此,高校教师只有将其精力聚焦于"可为""想为""能为"的交汇处,才能最大限度地增加其努力可取得的成效,才能最大限度地发挥其主观能动性。进一步来说,探寻"不可为"与"可为"的边界、"想为"与"能为"的边界成为高校教师职业发展需首要解决的问题——实际上,对这两种边界的探寻也是任何人需首要解决的职业发展问题。具体而言,高校教师"不可为"与"可为"的边界,在很大程度上取决于所在国家的教育体制、所在单位的管理制度等个人之外的因素,也在较小的程度上取决于教师本人的个人天赋。因此,高校教师对"不可为"与"可为"边界的探索,几乎是知识层面的,其需要增加对体制、制度以及本人天赋的了解——这些都是作为高校教师的个体主观较难改变甚至不能改变的。"想为"与"能为"的边界,在很大程度上则取决于高校教师个人,在其对"可为"的事情做出判断之后、在对个人的能力做出评估之后,便可不受"想为而不能为"之事的干扰,而专注于"想为且可为"之事——这些则在较大程度上取决于高校教师的个人能力,而个人能力则是可提升的。进而,作为个体的高校教师,会随着个人能力提升而发现"想为"与"能为"边界的逐渐变化——部分之前"想为而不能为"之事,会转变为"想为且可为"之事——高校教师的职业发展路径,就蕴含在这种变化之中。

仅仅从拓展"想为"与"能为"的边界来看,高校教师职业发展的关键似乎在于他们能保持积极性与进取心,不断地提升自我的教学能力、科研能力。但问题在于,高校教师"想为""能为"的边界深刻地受到"可为"与"不可为"边界的影响。正如前文所说明的,高校教师"可为"与"不可为"的边界更大程度上取决于所在国家的教育体制、所在高校的管理制度,而仅仅在较小程度上取决于高校教师本人。高校教师,尤其是那些"以学术为职业"而非"以学术为志业"的新教师,如果"不可为"之事太多而"可为"之事太少,他们的积极性与进取心会极大地降低。因为,在职业发展遭遇瓶颈时,较资深的高校教师尚可能在"食之无味"与"弃之可惜"间犹豫,而那些"以学术而职业"的新教师则往往会迅速"止损",跳槽至其他高校甚至跳出至其他行业,那些"以学术为志业"的新教师也会动摇其信念,进而或消极地对待学术、或选择去其他行业实现其个人的价值。因此,教育主管部门、高校管理者无疑具有不断拓展教师"可为"的边界的责任——只有如此,才能吸引并使有天赋、有信念的高校新教师留在教学育人的队伍当中,留在自己所负责的高校当中,并保持教学、科研的积极性。当然,帮助高校教师提升教学能力、科研能力也是教育主管部门和高校管理者应承担的责任。

第二章 高校教师职业发展的主要指标和影响因素

由于高校、学术协会管理规定日益严密,当前高校教师的发展越来越取决于他们在若干个重要领域的量化得分。这些领域主要包括论文的发表、课题的申报、教学的表现等。与此相对,尽管并无一般性和统一性的评价指标,但一般认为高校教师的职业发展状况可根据高校教师获取的职称、任职的单位、其在所属单位和所属学会的任职情况以及所获的荣誉称号等情况来判断。尽管这些情况在重要性上存在区别,但高校教师的上述任一情况(尤其是其职称和职务)发生变化,均会被认为其职业发展发生了变化。当然,需要指出的是,这些情况是高校教师职业发展状况发生变化的判断指标而非其变化原因。由于职称、职务等设置的方式和特点,高校教师在这些情况的变化大多呈阶梯状,其变化由高校教师的成绩成果逐渐积累至一定的量而引发,但其变化并不反映高校教师成绩成果积累的那种渐变性。

有必要说明的是,高校教师在这些指标上的表现存在较强的相关性:一位青年教师在有影响力的刊物上发表论文、申报到国家级的重大课题,对其职称的评定的作用极大,而取得较高的职称又能增加其在科研单位、学科学会中担任行政职位以及到更具影响力的科研单位工作的可能性。因为,一方面,高校中存在较强的"学而优则仕"的倾向,往往只有那些在科研上有所作为的教师,更有可能担任校级、院级领导职务,尤其是校长、副校长、院长、副院长等非党务领导职务;另一方面,对于各学科的学会而言,由于其组织是非常设的,由高校的具有管理职位的学者担任学会的会长、副会长有助于学会活动的组织开展,因此就产生了由担任校级、院级领导职务的教师担任学会领导的需要。除此之外,由于不同高校在教师待遇、科研生态等方面存在的差异,有优秀成果的教师也更有机会流动到其所想去的科研单位。

本章将分析两个重要的问题:其一,分析衡量教师发展的 3 个指标(教师职称、任职单位和行政职位);其二,分析影响教师发展的 2 个因素(所在高校的影响尤其是那些学术重镇的影响、所在学会的影响)。

一、职业发展重要指标之一：教师职称

职称是衡量高校教师职业发展的最重要、最直观、最广泛的评价依据，职称层级的上升也是高校教师的主要追求。根据中共中央办公厅、国务院办公厅2017年印发的《关于深化职称制度改革的意见》，教师领域职称系列设置初级、中级、高级职称，其中高级职称又分为正高级和副高级。根据人力资源社会保障部、教育部2020年印发的《关于深化高等学校教师职称制度改革的指导意见》，高校教师初级、中级、副高级、正高级职称对应的职称名称一般依次是助教、讲师、副教授、教授。《中华人民共和国高等教育法》也做出了"教师职务设助教、讲师、副教授、教授"的规定。我国关于高校教师职称名称的设置，也是国际社会中通行的设置方法。在实践中，相当数量的高校还设置助理研究员、副研究员、研究员以及助理教授等作为对本校教师进行管理的重要补充。

当前，高校已经普遍拥有对高校教师初级、中级、副高级、正高级职称的评审权力。在1986年之前，我国副教授、教授职称仅由国家教委授予。1986年至2012年期间，尽管国家教委（教育部）分批下放了一批教授、副教授的任职资格评审权，部分高校拥有自主评审教授、副教授的权力，但高校教授评审权、副教授评审权的审批工作仍由国家教委（教育部）负责。换言之，在此期间高校必须获得国家教委（教育部）的审批，才可以自主评审教授、副教授。2012年9月发布的《国务院关于第六批取消和调整行政审批项目的决定》将高校副教授评审权的审批工作下放至省级人民政府教育行政部门。2017年1月发布的《国务院关于第三批取消中央指定地方实施行政许可事项的决定》又进一步取消了对高校副教授评审权的审批，自此所有高校均可自主评审副教授。但与此相对，直至此时高校教授评审权的审批工作仍由教育部负责。2017年3月，教育部、中央编办、发展改革委、财政部、人力资源社会保障部发布《关于深化高等教育领域简政放权放管结合优化服务改革的若干意见》，要求将高校教师职称评审权直接下放至高校，高校自此普遍拥有了自主组织教授、副教授评审的权力。2018年，中共中央、国务院发布《关于全面深化新时代教师队伍建设改革的意见》，再次对教授、副教授评审权直接下放至高校进行了强调。

当然，有必要指出的是，在关于高校和院（系）的权力方面，我国相关规定存在模糊之处。教育部、人力资源社会保障部于 2017 年 10 月印发的《高校教师职称评审监管暂行办法》，要求"高校副教授、教授评审权不应下放至院（系）一级"，明确校级评审委员会承担教师职称的评审责任，而院（系）仅负有将符合职称评审条件的教师推荐至校级评审委员会的责任。这意味着，高校教师高级职称的评审权由校级评审委员会保留。但是，教育部等五部门 2017 年 3 月发布的《关于深化高等教育领域简政放权放管结合优化服务改革的若干意见》同样明确高校而非行政管理部门享有对副教授、教师的评审权，不过其文件结尾则又要求"各高校要及时制定实施细则……向院系放权"，这似乎并未限制高校将对副教授、教授的评审权下放至院（系）一级。在实践中，也确有高校将评审副教授、教授的实际权力下放至院（系）一级的现象，且这类现象并不罕见。

前文指出，职称的层级是高校教师职业发展最重要、最直接的评价依据。绝大多数——如果不是所有的话——高校教师都将职称层级的上升作为自己的最主要、最核心的追求。甚至对部分高校教师而言，更高层级职称已不是自身学术科研成果积累至一定水平和数量的水到渠成的产物。相反，获取更高层级的职称单纯地变成目的，而提升学术科研成果反而成了其手段。进而，在副教授、教授的评审权已经普遍下放至高校的情况下，就不可避免地会存在一部分高校教师为获取更高层级的职称而采取影响学校评审委员会的行动——当然，即便在高校教师高级职称由国家教委（教育部）、省级教育行政部门组织评审时，也并不排除有教师采取相似的行动，但其比例要小得多，且这种行动的有效性也会小得多。而当较大比例的高校教师将更多精力放在影响职称的评审过程时，高校教师对其教学科研责任的履行就必然会受到影响。由此，就有必要出台相关政策，来提升评审过程的公正性。

2017 年 10 月，教育部、人力资源社会保障部印发《高校教师职称评审监管暂行办法》（以下简称《暂行办法》），就高校对教师职称的评审作了限制意义的补充规定。《暂行办法》要求，高校需将职称评审办法、操作方案和校级评审委员会组建情况上报至对应的主管部门、教育和人社部门备案，高校主管部门则需要每年对高校上报相关材料进行核查，并与教育和人社部门共同对其管理的高校上报的相关材料进行抽查。《暂行办法》还规定，高校评审的不规范，将可能引发包括职称评审权被暂停甚至收回的后果。由此可见，《暂行办法》的规定是相当严格的，这无疑会在相当程度上保证各高校评审的公正性，即便这种公正性是相对的。但是，问题在于，即便各高校对教师职称的评审是相当公正甚至绝对公正的，将副教授、教授的任职资格评审权直接下放至高校无疑会导致不同高校之间评审标准的高低不一。这种高低不一的极端表现是某教师可在一所高校被评为教授却在另一所高校无法获评副教授。于是，在实践中，不仅存在某一高校的教师跳槽至其他高校之后获得较高层级职称的现象；还存在某一高校的教师即便只能获取较低层级职称也自愿到其他高校任职的现象——例如，某一高校的教授到另一所高校担任副教授。这两类现象中的后者，无疑说明了不同高校评审教师职称时标准存在着差异。同时，这两类现象，尤其是后者，也意味着任职单位的情况也是评价高校教师职业发展状况的重要指标。

二、职业发展重要指标之二：任职单位

教师所在的高校综合实力对高校教师的发展具有非常深远的影响。前文已经指出，将高校教师任职资格评审权下放至高校导致了不同高校评审标准可能存在差别，这导致了高校教师为获取更高层级的职称而跳槽到其他高校。需要指出的是，2017年所有高校普遍性地享有教师任职资格评审权使得这类现象的发生更加频繁，这一现象的出现在理论上可早至1986年国家教委第一次下放高校教授、副教授任职资格评审权——在这一年国家教委下放了一批高等学校教授、副教授任职资格评审权。与此相对，在实践中还存在部分高校教师自愿地以较低层级的职称到其他高校任职的现象。例如，某所高校的教授跳槽到另一所高校任副教授甚至讲师、某所高校的副教授跳槽至另一所高校任讲师。这类现象的存在一方面印证了高校间评审标准的参差已经为高校教师所认识，另一方面还说明了高校教师对任职单位的重视以及在此基础上任职单位可被视为评估高校教师职业发展状况的另一参考依据。实际上，任职于更好的单位也是相当部分——但绝非所有——高校教师职业发展的重要目标之一。

在展开任职单位对高校教师职业发展影响的讨论之前，有必要对不同高校在教师职称评审标准上存在差异的原因进行分析。而在对高校的评审标准进行讨论之前，又有必要讨论高校的主要法定责任。《中华人民共和国高等教育法》规定，"高等学校应

当以培养人才为中心,开展教学、科学研究和社会服务",因此,提升教学、科研和社会服务的成果是高校的法定责任和义务。考虑到高校教师不仅是高校教学、科研的最重要甚至唯一的责任群体,还在高校服务社会方面发挥着极为重要的作用。鉴于此,对于高校及其管理者而言,如何加强本校教师队伍建设就成为履行其责任和义务的主要途径。加强教师队伍建设又可以细分为提升本校教师队伍建设,包括吸引更多优秀的教师到本校,提升本校教师教学和科研的积极性两个目标。还需要指出的是,高校的教学、科研和社会服务的成果又会对该高校的整体发展和该高校管理者的个人发展产生影响。为此,高校的管理者既有责任又有动力去提升其所在高校的教学、科研和社会服务成果。

那么,高校管理者如何高效地运用其拥有的权限和资源完成上述任务?《中华人民共和国教育法》《中华人民共和国高等教育法》《中国共产党普通高等学校基层组织工作条例》《高等学校学术委员会规程》赋予了高校党委、校长、学术委员会不同的职权。这些职权突出地表现在对教师职务的决定权和职称的影响权上。其中,具有"审议确定学校基本管理制度,讨论决定学校改革发展稳定以及教学、科研、行政管理中的重大事项""讨论决定学校内部组织机构的设置及其负责人的人选"责任的高校党委,具有"全面负责本学校的教学、科研和其他行政管理工作""拟定内部组织机构的设置方案,推荐副校长人选,任免内部组织机构的负责人"责任的高校校长,无疑能够影响和决定本校教师是否可以担任某一内部组织机构的负责人。而具有"审议学科建设、专业设置,教学、科学研究计划方案""评定教学、科学研究成果"责任的高校学术委员会无疑又会对高校教师的职称评定结果产生深远的影响。对高校教师的职称和职务的影响,是高校管理者可以用来加强教师队伍建设的主要工具。

还需要指出的是,对某些领域(尤其是自然科学和医学领域)的教师而言,他们从事研究所需要的、价格高昂的实验设备,对其科研成果具有决定性的影响。不同的高校对这些实验设置的配备程度不同。由此,跳槽至实验设施配备更完全的高校,对高校教师职业发展也必然会产生积极作用。因此,从这个角度来看,任职的高校也应是评估部分高校教师职业发展状态的参考依据——尽管从这个角度来看,并不是直接的参考依据。当然,尽管不同高校给予的薪资待遇不同是高校教师跳槽的一个非常重要的因素,但教师享受的薪资待遇却并不是高校教师职业发展所特有的参考依据——薪资待遇是所有行业考评职业发展的参考依据。另外,与所获取的薪资待遇相比,在所属单位、所属学科学会的任职则是考量高校教师发展的更独特的参考依据。

三、职业发展重要指标之三：行政职位

尽管并不存在必然的正相关性,但在相当数量的高校中,尤其是综合实力较强的高校中,存在"学而优则仕"的倾向。在院系的行政领导班子出现空缺时,高校的负责人一般会从该学院具有较高职称的教师中,挑选出相应数量的、具有管理才能的教师补充到该学院的行政领导班子中去。进而,在那些教师数量较少的院系中,是否具有较高的职称而非是否具有管理才能就成为能否被确认为院系的行政领导的决定性因素。实际上,在许多高校,往往要求各学院的院长、各系的系主任拥有正高级职称,要求各学院的副院长、各系的副主任拥有副高级及以上职称。在教务、科研等与教学、研究相关的部门的负责人出现空缺时,高校的负责人也通常会从全校范围的职称层级较高的教师中选择具有相关业务专长的教师对这些空缺进行补充。不过,由于选择的范围会扩大至全校,几乎总会有相当数量的教师符合具有较高职称层级这一要求,因此是否具有相关业务专长就成为更重要的选择因素。综合来看,那些具有较高职称且具有管理才能的教师,既满足担任所在院系行政领导的所需条件,又满足担任教务、科研部门负责人的条件。进而,会出现院系的行政领导到教务、科研等部门担任负责人和教务、科研等部门的负责人回到院系担任行政领导的情况。例如,某学院的副院长升任科研处处长,科研处处长转任某学院院长等。

除了在所在单位任职之外,高校教师中相当部分还可能在所在学科的全国或地区学会中担任理事、常务理事、秘书长、副会长、会长等职务。一般情况下,只有在相关的研究领域取得较高学术成就的教师才有可能被推选至这一学科的全国或地区学会的领导职位。进而,高校之间存在的差异——尤其是相关学科的实力差异以及高校的综合实力差异——就会导致全国学会或区域范围较大的学会中,其主要领导会相对聚集在综合实力、学科实力较强的高校。值得指出的是,学会中理事、常务理事、副会长等称号(尤其是副会长的称号)往往具有两面性:一方面,其意味着称号的所有者在相关领域的学术影响和学术地位;另一方面,其意味着称号的所有者有参加以及影响本领

域的其他学者参加该学会举办的活动的责任和义务。进而,相当数量的学会在理事、常务理事、副会长等名额的分配上往往也会适当考虑覆盖的高校的范围。例如,若某学科的学会设置了十名副会长,那即便该学科学术成就最高的十位甚至二十位学者均在甲高校工作,也断然不会出现该学会的十名副会长均出自甲高校的结果——因为这种结果将导致该学会举办的活动无法吸引任教于其他高校的学者参加,进而导致学会促进本研究领域的学者交流的作用衰减。实际上,由于同样的原因,相当数量的学会还具有推荐那些在高校中担任行政职务的学者出任理事、常务理事、副会长、会长的倾向。当然,具有行政职务的学者具备的管理经验也往往有助于学会活动的顺利开展。

由此可见,出色的教学、科研成果可以增加高校教师在所属单位和所在学科学会任职的机会。进而,对于相当部分高校教师而言,在高校的任职以及是否能够在所在学科学会担任理事、常务理事、副会长、会长就成为衡量其职业发展状况的参考依据之一。还有待分析的是,担任行政职位对高校教师之后的发展是否有益。尽管人们对结果存在不同的看法,但普遍认为担任行政职位会给高校教师带来两方面的影响:一方面,担任行政职位将消耗高校教师本可以用于科研的宝贵时间,会消极地影响其之后科研的产出;另一方面,担任行政职位能够增加高校教师项目申报、论文发表的成功率。因此,这些看法的区别实质是前述的消极影响与积极影响孰大孰小。

无疑,担任不同的行政职位对高校教师的积极影响和消极影响存在区别,而即便是相同的行政职位,不同的教师也可能受到不同的影响,因此担任行政职位对高校教师未来职业的发展不仅因职位而异,也因人而异。例如,曾经担任清华大学经管学院院长的钱颖一教授就在其著作《大学的改革》中坦然说道:"在我担任院长后,虽然很少发表经济学学术论文,但在《清华大学教育研究》上发表了多篇有关大学改革的学术论文。我的全部精力都用在了办学上,因为在我看来,做一流的院长和做一流的学者一样,都需要全身心地投入。在我心目中,做一流的院长和做一流的学者同等重要。"

在前文中,我们分析了高校教师职业发展的主要评价指标,即获取的职称、任职单位、所任职位等,并得出以下结论:其一,职称层级几乎是所有高校教师均关注的一个重要评价指标。当前高校普遍拥有从初级到正高级职称的评审权,不同高校职称评审标准的不同,这意味着教师在不同高校获取较高层级的难度、快慢的不同,并可能引发高校教师为获取较高的职称而向综合实力相对较差——但不明显较差——的高校流动。其二,高校对教师职称评审权的获取,方便了高校的校领导做好教师队伍建设和干部队伍建设,但由此也可能导致高校对这种权力的滥用,即导致本校的评审标准过低,并使得本校教师向其他高校流动必须以降低职称层级为代价。进而,降低了教师在高校之间的流动。其三,拥有较高层级职称对高校教师在本单位获取行政职位具有相当的必要性,而如前文所说,在本单位获取较高的职称,只需具备相对较高的学术成果(与本校教师相比而言)而非绝对较高的学术成果。进而在高校中拥有行政职位又会在一定程度上增加高校教师在所在学科的学会组织中获取理事、常务理事、副会长的职位概率。由此可见,对于学术能力一定的高校教师而言,进入综合实力、学科实力不同的高校可能对其个人职业发展的路径产生不同程度的区别。

对于大多数学者而言,在有可能的情况下,进入学科实力、综合实力相差较大的高校会对其职业发展路径产生影响。例如,对于一位学术能力较强的学者而言,进入一所学科实力、综合实力较一般的高校,意味着其有可能较快地取得相对较高的学术成果(较其所在单位的其他教师而言)、满足这些高校较高层级,这又会进而增加其在高校担任行政职位的可能性。对于其中有责任心和管理才能的高校教师而言,他们的这种选择使得所选择的高校以及这些高校中的其他教师受益——尽管其本人的学术成果会因为担任行政岗位而受到积极或消极影响。相反,若其选择加入学科实力、综合实力更好的高校,其获取较高层级职称的时间可能会稍长,在短期获取行政岗位的概率也可能会下降,长久来看其做出独特的、永恒的、杰出的学术贡献却可能并不会受到消极的影响——尤其是在那些学术重镇,其可能得到相同研究领域的前辈学者更直接的影响,并与相同研究领域的同辈学者有更频繁的交流,这些对高校教师取得经得起时间检验的学术成果是极有裨益的,也是在学科实力、综合实力相对较差的高校所缺乏的。不过,从更广阔的维度来看,我们不仅需要杰出的学者,也需要有经验的高校管理者,尤其是后者的养成往往既需要有相当的管理天赋,又需要积累丰富的管理经验。因此,尽管高校教师选择不同的高校会影响其职业发展路径,但两条道路并无优劣之分,关键在于本人选择的道路与本人的综合素质相适应——尤其是,前述的问题和因素实际上是作为个体的高校教师极难改变而只能适应的。

那么,对新入职的高校教师而言,他们中的大多数是否可以凭借自身的努力成为合格的教师?他们中的一部分是否可以凭借自身的努力成为优秀的教师?这是两个对所有高校的负责人、各级教育主管部门负责人而言至关重要的问题。一方面,和所有的机构类似,高校中也可以存在少数不能胜任其岗位职责的人员,但这些人员的比例不能过高,否则该高校的教学、科研就无法顺利开展,这一高校对外的社会功用就会丧失。另一方面,高校还必须存在一定数量的优秀教师,他们是新教师职业成长的"活教材",而且所有的优秀教师都必然要经历新教师这一阶段。同时,优秀教师在教学、科研中的作用也非一般教师可等量齐观。更重要的是,高校教师的个人发展,除其个人天赋、个人努力之外,还取决于其所在的 2 个存在互动的学术共同体:其一,与其所研究的学科相同的学者构成的学术共同体,即学科学术共同体;其二,与其在同一单位的学者构成的学术共同体,即单位学术共同体。考虑到这两个学术共同体对高校教师个人发展的作用,一定数量优秀教师的存在,对高校发展的影响是不容低估的。

四、职业发展影响因素之一:所在高校

那么,青年教师论文的发表、课题的申报、教学的表现又是否完全取决于其本人的能力?正如韦伯所说的,教师的职业生涯发展在较大程度上取决于"机运"——韦伯在其"以学术为业"的讲座中谦虚地说,他本人之所以能够在 30 岁即被聘为正教授靠的是纯粹的意外机运,而他还认为有些人尽管才华横溢也无法在当时的选拔机制中获取其应得的职位。除此之外,前文还指出个人天赋的作用——发音的清晰程度、个人的形象气质,对教师教学的受欢迎程度的影响是不容低估的,而思维天赋也无疑决定了一位学者是否能写出有洞见、有深度、原创性的论文。

但是,除去这些教师个人无法决定的天赋、机运之外,还有一些教师本人能够决定的事情会对其职业发展产生影响。在其中最重要的是两个学术共同体:第一个学术共同体是教师与其所研究的学科相同的学者构成的学术共同体,即学科学术共同体;第二个学术共同体是教师与其在同一单位的学者构成的学术共同体,即单位学术共同体。这两个学术共同体的成员存在重叠,它们之间存在着相互作用。进而,青年教师在学生生涯尚未结束时,就已经选择了其所在的学科学术共同体,而其单位学术共同体则于其入职高校时确定,并在之后仍有重新选择的机会。但即便如此,单位学术共同体对教师职业发展的影响远非学科学术共同体可比。具体而言,高校主要在职称评

定环境方面对教师的发展产生影响,但也会对其课题的申请、奖励计划的申报等产生非常大的影响。

前文已经提及,当前高校新教师的发展取决于他们论文发表、项目申报以及教学表现等方面的量化得分,这些量化得分会首先并直接地决定教师职称的评定,并在之后间接地对教师在科研单位、学科学会中的任职产生影响。当前,高校教师职称的评定几乎完全由其所在的单位学术共同体来决定:部分高校将教师的职称评定工作交由校学术委员会等机构来负责,部分高校则设置了院系一级的分学术委员会或相似机构并由其负责教师职称的评定。应该说,当前各高校的职称评定的制度化水平均已较高,不同的教师在同一影响力水平的刊物上发表论文、申报到同一级别的课题获取的量化得分并不会存在区别,职称评定环境也因此至少在同一批次、同一单位中具有相对的公平性。

不过,不可否认的是,教师的职称评定不可能达到完全的、绝对的公平,例如获得不同级别的课题和不同影响力的期刊分数比值换算,则取决于各高校的学术委员会或相似机构,但这种比值的换算则能够在很大程度上影响甚至决定教师职称量化分数的高低。尤其是,有的教师发表的论文数量少但刊登其论文的期刊影响因子高,而有的教师发表的论文数量多但刊登其论文的期刊影响因子低。进而,不同高校量化比值的区别、同一高校不同年度量化比值的变化,成为教师“跳槽”的重要因素——实际上,后者还会导致教师对所在高校聘任公平性的质疑。

教师所在的单位学术共同体的影响,并不仅体现在对职称评定制度的量化的决定上,还体现在对决定各批次有多少人可获取更高级别的职称上。后者在相当程度上取决于各高校的学术委员会或相似机构的决定——尽管还在一定程度上受限于参与该批次职称评定候选人的整体学术水平。因为,若某一高校的学术委员会对某一批次的教师职称评定的要求过低,会引发在往期的评定中不可能获评教授、副教授的教师评上这些职称,并会导致之前候选人的不满,也会降低该高校及全体教师的学术声誉。进而,为了维持或挽救学校及教师的学术声誉,以及由于较高职称教师比例已经提高的既成事实,这一高校可能会在之后的职称评定中将标准提高,这又会影响职称较低的教师之后的职业发展。

当然,必须承认的是,前文所说的这种对学校声誉顾虑的限制性作用并不大:一方面,这种限制取决于高校管理者和学术委员会或相似机构的负责人的责任心,但在缺乏制度约束的情况下,责任心极容易让位于利益;另一方面,相关人员中的有责任心者,也会基于临时性考虑采取权宜之计,尤其是在高校面临排名大洗牌的关键时间节点。在现实中,部分高校的教师只能以降低职称的方式到更好的高校任教的现象,在一定程度上说明了高校对教师职称评定的差异。这种高校间的差异,尤其是有意为之的差异,正是高校的学术委员会或相似机构的影响力所在。

正如上文所说的,当前各高校教师职称评定工作已经具有较高的制度化,高校教师的职业发展也因此具有相对的公正性。因此,需要进一步讨论的是,高校如何在课题申请、奖励计划申报方面对教师的职业发展产生影响。尽管高校教师课题立项、奖励计划申报成功的可能性在一定程度上取决于其个人能力,但高校仍然可依托申报程序对结果产生巨大的影响。下文首先分析高校在教师申报国家级、省部级课题和项目时的影响。

在申报这些较高级别的课题和奖励项目时,教师往往需要依托高校进行申报,而各个高校可申报的名额一般都会有数额限制。这意味着,在这类课题和项目申报上,高校具有对本校的申请者进行初步筛选的责任。即便不总是,也至少在相当大的比例上,各个高校符合申报较高级别课题和奖励计划条件的教师要小于该高校所能上报的名额。由此,对申请者进行初步筛选的责任就在实质上成为一种权力。当然,为了提升本校初步筛选的申请课题和项目成功最终被选中的概率,高校及负责对课题、项目进行初步筛选的部门也会倾向于较客观地确定上报名单——因为,倘若这些部门在对课题、项目的初选中徇私,将明显质量较低的课题、项目进行上报,则会导致本校上报的名单在最终评审中的落选,不符合学校及其相关部门乃至这些被上报的课题、项目的申请人的利益。

换言之,对于较高级别的课题和项目,高校虽有确定本单位哪些申请者去参加与其他高校的申请者竞争分“蛋糕”的权力,但如果初选中对标准过分“扭曲”,就会导致本单位的申请者在后续竞争中的失败,进而影响本单位能够分配到的“蛋糕”的大小,甚至会导致本单位分不到“蛋糕”。进而,学校及其相关部门对较高级别的课题和项目初选时的权力,受到其负责人理性的限制和约束。当然,即便如此,高校具有的对本校教师在课题和项目申报上的权力仍是不可低估的。

与申报国家级、省部级课题和项目相比,高校及其相关部门在对教师申报校级课题、项目时的影响要大得多。原因在于,高校及其相关部门具有对校级课题、项目的最终决定权,而且评定时,其高校及相关部门并不会有初选国家级、省部级课题与项目时如何争取分到更大的"蛋糕"的考虑。因此,在确定校级课题、项目时,高校的评选标准发生"扭曲"的可能性要更大。换言之,高校及其相关部门负责人可以在分配项目时向与自己私人关系较好的教师倾斜。进一步地,当考虑到前文已经说明的高校在教师职称评定方面的权力,高校对教师职业生涯发展的影响就更不容低估。例如,某一高校的负责人为使与自己私人关系较好的教师获取较高的职称,可一方面支持该教师申请并完成一些校级课题和项目,另一方面在教师职称评定中提升校级课题和项目相对于其他的科研成果的比值,便可以极大地增加该教师在职称评定中胜出的可能性。

当然,学校整体科研水平往往与这种"扭曲"存在正相关关系。一般而言,一个高校的整体科研实力越强,在该高校中这种"扭曲"就越不明显。因为,一方面在科研实力较强的顶尖高校中,校级科研项目仅仅占据各个教师科研成果的一小部分,这种"扭曲"对教师职称评定最终结果的影响较小。另一方面,这些高校及其相关部门的负责人也更有动机将校级科研项目的分值压缩以降低评审中"人情"因素的干扰——因为对这些人员而言,其所拥有的"权力"并不能显著影响本校教师职称评定的结果;相反,会将他们置于满足某一位教师的"人情"就要得罪另外一位乃至数位教师的窘境。

五、职业发展影响因素之二：所属学会

学科学术共同体是影响教师职业发展的另一重要因素,在大多数国家,学会是学科学术共同体的主要表现形式。尽管正如上文说明的,学会对教师职业发展的影响要远小于单位学术共同体,且其在一定情况下要以单位学术共同体为依托,但不可忽略的是,学科学术共同体对相当部分教师的影响比单位学术共同体在时间上更早也更长远。由于当前学术研究已经高度专业化,对于大多数学者而言,其所属的学科学术共同体基本上在其攻读最后一个学位时已经确定。此外,当前高校教师,尤其是那些科研能力出众且无行政职位的高校教师,从一所高校"跳槽"至另一所高校任教的现象并不罕见。但无论高校教师"跳槽"与否,他们改变学科甚至研究领域的情况极少发生,

尤其是那些优秀的高校教师——虽然这些教师会将其研究领域向相关的学科进行延伸。简言之,高校教师所属的学科学术共同体,确定于其在获取教职之前且几乎不会变更。但高校教师所在的单位学术共同体,确定于其开始教学生涯之后,且存在变更的可能。

在学科学术共同体之中,高校教师可与研究领域相同、相近的学者在学术和科研上合作与"交锋",而这些合作、"交锋"有助于完善高校教师的思维,提升他们科研成果的质量。一方面,在向学术刊物投稿之前,许多学者会将其论文在数个研讨会上与其他学者交流,在这些研讨会上,学者会收到来自所在学科学术共同体的建议性或批评性的意见。投稿之后至论文得以刊发,刊物会将文章发给研究该文章相关领域的学者对该文章进行评审,并会将评审意见反馈给作者本人供其修改论文。论文发表之后,有些文章还会引起本领域其他学者的讨论甚至抨击,并使得文章作者在为自己的观点辩护或放弃自己观点的过程中完善自己的思维。另一方面,现在越来越多研究成果的完成,需要在相同或相关领域的学者共同努力——实际上,当前许多研究成果的完成已经不仅仅需要学者在智力和知识上的合作,也需要这些学者在精力和体力上的合作。例如,越来越多的重大研究课题的申报与完成需要——在很多时候也要求——由多个专家共同合作完成。由此可见,与所在的学科学术共同体保持一定的联系和互动,对学者是大有裨益的——正如一句古语所警示的,"独学而无友,则孤陋而寡闻"。

当然,有必要指出的是,学科学术共同体与单位学术共同体对教师的影响有时候是重叠的。一般而言,高校教师总是同时属于某一个或几个学科学术共同体,并在较严格的意义上属于一个校级和一个院级的单位学术共同体。例如,高校的教师可能会经常性地参加某一或某几个学科的全国性以及省市级的学术会议——无论其是否属于这些学科各级学会的正式成员。但在人事与学术关系上,高校教师则一般仅受其所在学院和学校的管理。高校教师尽管在科研上的合作者并不局限于其所在的学院和学校,他们的合作者仍有相当部分是与其在或者曾经在过一个单位的同事。因此,学科学术共同体与单位学术共同体对高校教师的影响就存在了一定的重叠。除此之外,还要指出的是,这样的重叠在两类对象中更为明显:其一是刚入职或入职不久的教师,这些教师与其单位之外的教师交流的机会要少于那些资深教师;其二任职于学科研究重镇的教师,尤其是那些在某学科在一定区域内一家独大的学术研究重镇,因为这些教师往往在所在单位之内就可以找到大量的合作者。

　　某一学科学术共同体精英在特定高校的聚集,会使这些高校成为该学科研究的重镇。即便有高校综合实力的影响,某些学术研究重镇往往是年轻学者攻读学位、获取教职的优先选择。实际上,那些未能在毕业时即进入其所在学科研究重镇的学者,也会有一定的概率在其他高校任职若干年之后迁入这些学科研究重镇,尤其是这些学者对其入职的高校不存在或未产生浓厚感情的时候。学术研究重镇吸引学者的部分原因前文中已经述及:其一,在学术研究重镇之中,学校及相关部门对科研项目——尤其是对校级科研项目——分配"扭曲"的程度往往较轻。其二,在学术研究重镇中,高校教师可以在本单位找到更多与自己研究领域相同或相近的学者,并与这些学者在科研上合作与"交锋"。上述的两个因素,在很大程度上可以看作是科研"软"环境对高校教师的吸引力。而"软环境"所造成的吸引力是持续性的。因为优秀的科研"软环境",能够使其吸引其他高校的这一学科学术精英的加盟,因此进一步降低学校及相关部门对科研项目分配的"扭曲"程度、增加本单位教师开展科研交流和合作的便利性,从而导致单位科研"软环境"的进一步优化。除了科研"软环境"之外,学科研究重镇的科研"硬环境"无疑也要好于其他高校,尤其是在那些需要贵重仪器的学科。前文已经对此进行过分析,此处不再赘述。

第三章　我国高校教师岗前培训政策研究

　　在制度化水平较高的社会中,提升高校教师素质的需要永恒存在。因为在制度化水平较高的教育体系中,获取高校教师资格的条件往往数年维持不变,但胜任高校教师岗位的实际要求往往逐年更高。1993年10月第八届全国人民代表大会常务委员会第四次会议通过的《中华人民共和国教师法》(以下简称《教师法》)规定,取得高等学校教师资格一般应当具备研究生或者大学本科毕业学历;2009年8月第十一届全国人民代表大会常务委员会第十次会议对《教师法》进行修订时未变更这一条件。但是,早在数年前,仅具备本科学历者已几乎无法在高校(哪怕是对教师学历要求相对较低的高职院校)获取教学岗位——或者,高校给予仅具有本科学历的人教学岗位将引起极大的争议。2021年11月教育部研究形成并向社会公布了《中华人民共和国教师法(修订草案)(征求意见稿)》,这份征求意见稿拟将取得高等学校教师资格的门槛提高至"具备硕士研究生毕业及其以上学历,并获得相应学位"。但根据我国立法程序,《中华人民共和国教师法(修订草案)(征求意见稿)》还需要经过审议、表决和公布等程序才能正式生效。由此可见,获取高校教师资格的条件与胜任高校教师岗位的实际要求不适应的情况仍将会持续一段时间。同时,高校在招聘新教师时,负责招聘的人员主观认为某一应聘者的素质在未来的一个时间段内可达到特定水平时就会聘用该应聘者,但并不总是期待其在应聘时就具有如此水平的素质。高校新教师在获取教职之前,不能单独从事高校教学工作,也往往不具备独自申请和系统完成科研项目的资格。他们中的大多数仅具有攻读硕士、博士学位期间在导师的指导下或受其导师委托从事过少量的、部分的教学科研工作经历。但是,高校必然期待聘用的新教师能够在较短的一段时间内具备单独承担教学和科研工作的能力。[1] 这与高校招聘新教师的考量

---

[1]　关于高校新教师缺乏履行岗位职责所需要素质的分析可参见:吴庆华,郭丽君.从培训走向发展:高校青年教师培养的转变[J].高等工程教育研究,2013(4):141-144;孔令帅,赵芸.美国高校新教师发展的问题与策略[J].外国教育研究,2016(5):28-41。关于高校聘用新教师的考量和分析可参见:尹木子.高校新教师离职问题分析[J].高教探索,2019(5):113-119.

相对,高校往往在认为任职于其他高校或其他科研单位的某些资深教师能够及时地满足本校教学科研方面的紧迫需求——主要是科研方面的需求——时,就会去"挖"这些资深的教师。更何况时代和社会还会赋予高校教师——无论是新教师还是资深教师——新使命、新挑战,这些新使命、新挑战的完成需要高校教师具有新的素质和更高的素质水平。当前的国际形势、社会文化要求高校教师具有更高的道德修养、具备国家安全教学的相关知识。由此可见,对高校而言,提升高校教师——包括新教师,也包括资深教师——素质的需要永恒存在。

对高校教师进行培训是满足前述永恒存在需求的一种方式——即便不是最主要的方式,也应是最值得关注的方式。高校教师中有相当部分教师具有提升自身素质的主动性,他们会以自学的方式提升自身素质。因此,在提升高校教师素质方面,自学是培训的补充;或者说,培训是自学的补充。但是,以下两方面因素使培训这种方式更值得关注:其一,部分因为高校中"编制"或终身教职的存在,并非所有高校教师都具有提升自我素质的积极性。其二,即便是具有积极性提升自我素质的高校教师,也可能意识不到自己素质方面存在短板或不认为某项素质重要——尤其是,那些对教师所在单位、国家高等教育事业非常重要但对高校教师个人职业发展影响不大的素质,如爱岗敬业精神等。[1] 因此,对高校教师进行培训不仅重要而且非常值得关注,因为做好相关工作不仅要了解高校教师想要提升哪些素质,还要了解高校教师需要提升哪些素质。

高校教师岗前培训是对高校教师培训的一种形式。岗前培训并非最早出现和存在的一种对高校教师进行培训的形式。1993 年 10 月,第八届全国人民代表大会常务委员会第四次会议通过的《教师法》提出了各级教育行政部门、学校主管单位和学校应当对教师进行思想政治、业务培训的要求;"岗前培训"的概念则至 1996 年 4 月才出现在我国相关政策文件中[2]。不过,相比较其他形式的培训,岗前培训具有时效性、独特性和开放性这三种属性。这些属性使得岗前培训成为一种值得高度重视和研究的培

1　高校对新教师培训的重点的研究可参见朱宁波,曹茂甲. 我国高校青年教师培养政策的文本分析[J]. 教育科学,2017(4):62 - 68.
2　国家教育委员会 1996 年 4 月 8 日发布《高等学校教师培训工作规程》,其中第三章第十三条将岗前培训列入培训助教的主要形式。

训。但是,当前学术界对高校教师岗前培训的研究主要集中于高校教师的培训需求和高校的培训实践,缺乏对国家政策的关注。例如,李芒和李子运、吴庆华和郭丽君的文章主要关注于高校教师,廖思超的文章主要关注高校的教师培训实践,林杰和魏红的文章主要关注国外的教师培训实践,而朱宁波和曹茂甲、朱园飞的文章则分别关注高校层面和某一省份的教师培训政策和实践。[1] 本书则旨在对国家层面的教师培训政策进行梳理。

通过梳理相关政策文件,本书将自 1996 年至今的高校教师岗前培训分为"怎么办""必须办""这样办"等三个阶段。在这三个阶段,岗前培训的"独特性""实效性"和"开放性"的三个属性依次得到彰显和加强。1996 年 4 月至 1998 年 6 月为"怎么办"阶段,《高等学校教师培训工作规程》首次提出岗前培训,《高等学校教师岗前培训暂行细则》《高等学校教师岗前培训教学指导纲要》对如何开展岗前培训做出了详细规定,岗前培训提升高校教师政治素质的"独特性"在这一阶段得到彰显。1998 年 6 月至 2012 年 8 月为"必须办"阶段,《关于开展高等学校教师岗前培训有关问题的通知》明确高校新教师原则上应于补充至学校一年内完成培训,凸显了岗前培训的"时效性"。2012 年 8 月至今为"这样办"阶段,这一阶段的政策文件加强了对高校教师岗前培训内容的要求,既是国家加强对高等教育领域工作的顶层设计的体现,也彰显了岗前培训的"开放性"。

一、"怎么办":独特性的显现

1996 年 4 月,国家教育委员会发布《高等学校教师培训工作规程》(以下简称《工作规程》),围绕《教师法》中关于教师培训的规定,对高校教师培训的组织与职责、主要形式、考核管理、保障等方面内容做出了具体安排。《工作规程》明确,高等学校教师培

---

1 李芒,李子运.“互联网+”时代高校教师发展的新思路[J].中国电化教育,2016(10):11-17,50;吴庆华,郭丽君.从培训走向发展:高校青年教师培养的转变[J].高等工程教育研究,2013(4):141-144;林杰,魏红.大学教师发展的国际趋势[J].高校教育管理,2016(1):86-91;廖思超.浅谈高校新教师岗前培训遇到的问题及对策[J].人力资源开发,2015(24):26-27;朱宁波,曹茂甲.我国高校青年教师培养政策的文本分析[J].教育科学,2017(4):62-68;朱园飞.新时代高校新教师岗前培训的问题及对策——以上海市属高校新教师岗前培训为例[J].当代继续教育,2019(37):19-25。

训的目的是帮助教师更好地履行职责,提出培训要贯彻"思想政治素质和业务水平并重"的方针,要坚持"多种形式并举"的原则。[1]《工作规程》中进一步明确,思想政治素质培训要坚持党的基本路线、教育方针和教师职业道德教育,业务素质培训要以提高教师的基础知识和专业知识为主。《工作规程》列举了岗前培训以及教学实践、社会实践、出国培训、出国访学、参加研讨、参加学术会议在内的不同形式的培训。这是"岗前培训"的概念首次出现在国家层面的政策文件中。不过,在《工作规程》中,岗前培训仍仅为五种针对助教的主要培训形式之一,不针对讲师乃至更高层级职称的教师。这与当时高校教师在入职时获得的职称一般为助教(而非讲师)相关。

尽管《工作规程》并未明言,但岗前培训与其他形式培训的功能无疑存在差异。根据《工作规程》,岗前培训的内容包括教育法律法规、政策和有关教育学、心理学的基本理论以及教师职业要求,其主要专注于提升高校教师的思想政治素质。与此相对,《工作规程》中其他形式的培训——教学实践、社会实践、出国培训、出国访学、参加研讨、参加学术会议等——则无法或至少很难融入提升高校教师思想政治素质的内容,它们在相当程度上只能提升高校教师的业务素质。因此,岗前培训是提升高校教师思想政治素质的唯一主要形式,即岗前培训具有"独特性"。进而,若要实现《工作规程》"思想政治素质和业务水平并重"的要求,"多种形式并举"就应是"岗前培训＋X"——其中"X"可以是教学实践、社会实践、出国培训、出国访学、参加研讨、参加学术会议等中的一种或几种。

但是,《工作规程》的所有条文均未明确"多种形式并举"需要采取"岗前培训＋X"的模式。从理论上来看,其中的原因既可能是《工作规程》的起草者也未能注意到只有这种模式的"多种形式并举"才能实现"思想政治素质和业务水平并重"的目的,也可能是起草者认为这种要求(因其背后的逻辑过于明显而)不必在《工作规程》中体现。但无论是哪种可能,未被《工作规程》条文明确地要求,都可能会被省级教育行政部门的相关人员无意甚至有意地忽视。一方面,政策执行者对相关政策文件审读的细致程度有较大可能低于政策制定者;另一方面,政策执行者的能力——尤其是分析某一政策

---

[1] 《中华人民共和国教师法》第十九条规定,教育行政部门、学校主管部门和学校应当对教师进行思想政治、业务培训;国家教育委员会发布的《高等学校教师培训工作规程》第三条规定,高等学校教师培训工作应注意思想政治素质和业务水平并重。

文件欲达到的目的和其中列举的手段之间的关系——也可能低于政策制定者。实际上，即便是《工作规程》明确提出的"多种形式并举"的要求，也可能被部分省级教育行政部门无意识地忽略——当然，这并不会对政策的执行造成影响——因为参加研讨、参加学术会议与高校教师从事科研活动密切相关，这些被定义为"培训"的活动早在《工作规程》出台之前就在各个高校普遍存在。

还必须指出的是，部分省级教育行政部门还可能会有意识地忽略《工作规程》的前述要求。《工作规程》规定，由各省级教育行政部门和国务院有关部委教育主管部门负责高校教师培训工作的经费投入，要求教育行政部门和主管部门要设立教师培训专项经费。这些内容无疑有助于将高校教师培训工作落实。但是，《工作规程》没有对应设立多少教师培训专项经费进行约束，这种约束性的缺失经过一个行政过程——下文将会介绍这一行政过程——会导致部分省份划拨的高校教师经费可能仅仅是象征性的。[1] 进而，由于缺少经费，这些省份可能会有意地忽略《工作规程》中"岗前培训＋X"以及"多种形式并举"的要求，而用该省份既有的一种或几种培训，以最小的行政投入"满足"《工作规程》中的要求。或者，即便开展新形式的培训，也会优先——或者只能——开展那些成本较低类型的培训。前文已经指出，参加研讨、参加学术会议等是教学科研中的常规活动，它们的出现早于岗前培训。同时，其他形式培训的成本可以远低于岗前培训。例如，开展教学实践只需要高校协调配对本校的资深教师和新教师即可，无须高额的经济成本和烦琐的行政协调。实际上，即便在 2022 年，可能部分出于这一原因，如浙江等省份在落实高校教师岗前培训政策时采取了类似教学实践的形式。[2] 可见，在有意忽略《工作规程》相关要求的情况下，岗前培训是无须开展或者至少无须优先开展的一种培训。

上文提及的行政过程指的是省级教育行政部门为完成国务院教育行政部门而与所在地省级党委、政府的互动。尽管仅受国务院教育行政部门的业务指导，但省级教育行政部门并非完全没有响应国家教育行政部门的积极性。相反，它们不仅在能做出

1　对国家教育委员会发布《高等学校教师培训工作规程》文本内容进行了更详细的分析，可参见周金虎. 高校新任教师培训的现实困境与路径选择[J]. 国家教育行政学院学报，2012(7)：27。
2　当然，这种培训模式有其积极作用，可参见叶常青. 导师制视域下高校青年教师培养模式创新[J]. 中国成人教育，2018(15)：141－143。

开创性、有位次的成绩时常常会积极主动地开展工作,而且也往往会消极地、应付性地开展那些不能取得成绩和位次的工作。因为,当开展的某项工作受到国务院教育行政部门的嘉奖或通报批评,会使得省级党委、政府负责人关注到省级教育行政部门的相关工作,并进而对省级教育行政部门相关人员的个人发展产生积极或消极的影响。而为了获得上级业务指导部门的嘉奖或避免被其通报批评,有时需要本地省级党委、政府争取行政资源(如财政支持),高校教师培训就是这样一项工作。并且,地方拥有的行政资源是有限的,省级党委、政府并不会无条件满足其省级党委和政府的各个部门争取行政资源的请求。相反,这些部门在向省级党委、政府争取行政资源时,往往需要上级业务指导部门的政策文件证明其正当性和重要性——对省级党委、政府全盘工作的重要性。《工作规程》的相关规定,能够证明设立教师培训专项经费的正当性,但却无法证明其重要性,由此导致部分省份的高校教师经费可能仅仅是象征性的。[1]

岗前培训是国务院教育行政部门高度关注的培训方式:一方面,岗前培训具有"独特性",其是提升高校教师思想政治素质的唯一主要培训形式;另一方面,相较于业务素质,思想政治素质容易被高校教师、部分高校乃至部分省级教育行政部门忽略,因此产生了对此进行政策约束和指导的需要。《工作规程》出台 7 个月后——即 1997 年 1 月——国家教育委员会办公厅制定了《高等学校教师岗前培训暂行细则》《高等学校教师岗前培训教学指导纲要》(以下分别简称《暂行细则》《指导纲要》),并将其印发给各省级教育行政部门、新疆生产建设兵团教委和国务院有关部委的人事(教育)司(局)。这两个文件的制定本身,印证了国家教委对高校教师岗前培训工作的重视。这两个文件的内容则有助于省级教育行政部门解决如何开展岗前培训、针对哪些教师开展岗前培训、岗前培训培训什么内容等问题。实际上,《暂行细则》《指导纲要》的相关规定是如此详尽,以至于直至当前这两个文件仍是相当数量省份举办高校教师岗前培训的重要参考文件。[2]

1　关于财政资金的分配,具有参考意义的论文为周飞舟.财政资金的专项化及其问题——兼论"项目治国"[J].社会,2012(1):1-37。关于行政过程的分析,具有参考意义的论文为周雪光,练宏.中国政府的治理模式:一个"控制权"理论[J].社会学研究,2012(5):69-93,243。
2　例如,海南省高等学校师资培训中心《关于做好 2022 年海南省高等学校教师岗前培训工作的通知》、江苏省教育厅《关于认真做好 2021 年全省高等学校教师岗前培训工作的通知》中培训目标、培训对象、培训内容、培训方式、培训考核的规定均与《暂行细则》《指导纲要》的相关规定相契合,尤其是江苏省教育厅还特别提出参训对象的总学时不得少于 110 学时的要求。

表3-1 《暂行细则》关于岗前培训的规定

	内　　容
培训对象	● 新补充到高等学校从事教育教学工作的人员或其他人员
负责部门	● 省级教育行政部门(统筹安排) ● 高等学校师资(高师)培训中心或本地区有条件的高等学校(具体承担)
教学安排	● 形式:以集中授课为主 ● 时长:不低于110学时 ● 内容:高等教育法规基础知识、高等教育学基础知识、高等教育心理学基础知识、高等学校教师职业道德修养基础知识
培训考核	● 形式:以闭卷考试为主(由各省统一命题)

《暂行细则》《指导纲要》对高校教师岗前培训的组织管理、主要形式、培训内容以及考核方式等方面内容做了极其明确的规定。这两个文件规定,高校教师岗前培训工作应由省级教育行政部门统筹安排,由省级教育行政部门所属的高等学校师资(高师)培训中心或本地有条件的高校具体承办;岗前培训的对象为新补充到高校从事教育教学工作的人员;岗前培训应以集中授课为主,可采取专题讲座、典型报告、教学观摩、课堂教学实践或讲评等形式;教学内容应参照《指导纲要》,总课时不低于110学时,其中高等教育法规基础知识部分15课时、高等教育学基础知识部分40课时、高等教育心理学基础知识部分36课时、高等学校教师职业道德修养基础知识部分20课时;岗前培训的考核应以闭卷考试为主,考试试卷由各省份根据《指导纲要》统一命题。可见,《暂行细则》《指导纲要》对岗前培训"怎么办"的指导是十分全面的;同时,从关于培训内容的规定可以看出这两个文件对岗前培训能提高高校教师政治素质功能"独特性"的强调。

《暂行细则》明确了省级教育行政部门(而非高校)在岗前培训中(而非更广义的教师培训)承担主要直接作用,这赋予了省级教育行政部门争取举办高校教师岗前培训所需行政资源更多的正当性。当然,这种安排具有高度的合理性——前文已经述及,高校教师本人乃至部分高校并不重视对高校教师思想政治素质的培训。同时,集中培训新补充到高校从事教育教学工作的人员110学时、由省级教育行政部门统一开展岗前培训考核等所需要的行政资源不可能只是象征性的。当然,《暂行细则》《指导纲要》

仍不具有赋予岗前培训"必须办"的政策效力。正如前文所说的,省级教育行政部门更受省级党委、政府的限制,在行政资源有限的情况下,一份由业务指导部门发布的"怎么办"政策文件——无论多么翔实——也无法说服省级党委、政府的负责人认可这项政策的落实对本地全盘工作是重要的。

二、"必须办":时效性的强调

1998 年 6 月,教育部人事司向各省级教育行政部门发送《关于开展高等学校教师岗前培训有关问题的通知》(以下简称教育部人事司《通知》),并将其抄送各部属高校(高师)师资培训中心、各省(自治区、直辖市)高校(高师)师资培训中心。教育部人事司《通知》规定之后补充到高校的从事教育教学工作的教师原则上应于补充到学校后的一年内完成岗前培训。这加强和凸显了岗前培训可及时补足高校教师素质和能力短板的"时效性"特征。此外,教育部人事司《通知》要求各省级教育行政部门自 1999 年起每年向教育部人事司上报本地区岗前培训年度计划。岗前培训考试(考核)成绩合格的高校教师,由其所在地的省级教育行政部门颁发教育部人事司监制的岗前培训合格证书。可见,在教育部人事司《通知》发布后,高校教师岗前培训在政策上成为各省级教育行政部门必须组织、所有高校新教师必须参加的一项培训。

教育部人事司《通知》是一份具有溯及力的文件,它以其溯及力修正了之前的高校教师岗前培训政策。教育部人事司《通知》提出了自《教师法》施行(1994 年 1 月)至教育部人事司《通知》发布之间补充至高校的教师也需参加岗前培训的要求。这一要求实际上意味着 1996 年 4 月《工作规程》中"多种形式并举"必须采取"岗前培训+X"模式。教育部人事司《通知》还要求自 1998 年 9 月起各地岗前培训需要统一使用其组织编写的《高等教育法规》《高等教育学》《高等教育心理学》,这与 1997 年 1 月《暂行细则》《指导纲要》的要求一致。由此可见,教育部人事司《通知》实际上关注到岗前培训具有提升高校教师思想政治素质的"独特性",并试图以溯及力补上其发布之前部分省级教育行政部门未开展岗前培训所造成的新进教师思想政治素质上的"欠账"。

教育部人事司《通知》具有政策效力——甚至是一种具有溯及力的行政效力——但却不具有法律效力。在这一时期,高校教师岗前培训工作不仅未能引起国家立法主体的关注,也未引起更高级别的行政单位(如国务院、教育部等)的关注。例如,尽管教育部人事司《通知》明确,岗前培训考试(考核)成绩合格的高校教师,由其所在地省级教育行政部门颁发教育部人事司监制的岗前培训合格证书。因此,在政策上参加岗前培训应是取得高等学校教师资格的必要程序。但无论是 2 个月后第九届全国人民代表大会常务委员会第四次会议通过的《中华人民共和国高等教育法》(以下简称《高等教育法》),还是 2 年后教育部发布的《〈教师资格条例〉实施办法》,都未将参加岗前培训明确视为获取高等学校教师资格的必要条件。根据《高等教育法》《〈教师资格条例〉实施办法》的规定,相关人员只需具备研究生或者大学本科毕业学历、通过国家教师资格考试这两个条件中的一个,便可以申请取得高等学校教师资格。实际上,《高等教育法》《〈教师资格条例〉实施办法》根本未提及岗前培训。同时,由于在政策上和法律上,参加岗前培训都未成为取得高等学校教师资格的必要程序,岗前培训的“时效性”特点在某种程度上就必然会受到影响。

简言之,在教育部人事司《通知》发布后,岗前培训成为一项政策上“必须干”的工作。但毋庸置疑,在省级教育行政部门在组织上和财政上更受地方省级党委、政府限制的情况下,这份政策文件被省级党委、政府的负责人“阅而不办”的可能性尽管较之前有所降低——但绝非完全消失。因为,前述的“必须干”并非法律意义上的,并且其政策上的效力也是有待提高的。

三、“这样办”:开放性的展现

教育部人事司《通知》发布之后,中共中央、国务院以及中共中央有关部门、国务院有关组成部门围绕高校教师岗前培训先后发布了一系列文件。这些文件加强了岗前培训“必须办”的政策效力,并包含着若干岗前培训“这样办”的政策要求——后者凸显了岗前培训的“开放性”特征,即岗前培训不仅可融入业务素质培训内容,也可与时俱进地增添新的思想政治培训内容。

2012 年 8 月,国务院发布《关于加强教师队伍建设的意见》(以下简称国务院《意见》),提出要将教师培训经费列入财政预算。尽管1996年4月国家教委《工作规程》就提出了教育行政部门要设立教师培训专项经费的规定,赋予了省级教育行政部门争取省级财政支持的正当性。但《关于加强教师队伍建设的意见》的相关规定,才使得设立教师培训经费成为一项对省级政府——而不仅仅是省级教育行政部门——重要的工作。更何况,相比较国家教委发布的文件,国务院发布的文件具有更高的政策效力。不过,国务院《意见》并未对岗前培训工作做出安排,也即并未对各省份如何支配教师培训经费做出指导和规定。在1个月后,教育部、中央组织部、中央宣传部、国家发展改革委、财政部、人力资源社会保障部,根据国务院《意见》制定了《关于加强高等学校青年教师队伍建设的意见》,提出了建立健全新教师岗前培训制度的要求。这一要求为各省级教育行政部门如何使用本地教育培训专项经费提供了指导,即各地应增加对高校教师岗前培训工作的重视和经济投入。

2018年1月,中共中央、国务院发布《关于全面深化新时代教师队伍建设改革的意见》(以下简称中共中央、国务院《意见》),提出要严格教师职业准入,将新入职教师岗前培训作为取得高校教师资格的必备条件。此外,中共中央、国务院《意见》还提出,经过5年左右的努力,教师培养培训体系基本健全、事权人权财权相统一的教师管理体制普遍建立。2020年12月,教育部、中央组织部、中央宣传部、财政部、人力资源社会保障部、住房和城乡建设部制定发布了《关于加强新时代高校教师队伍建设改革的指导意见》(以下简称教育部等六部门《指导意见》),再次强调了建立新教师岗前培训与高校教师资格相衔接的制度。这些要求明确了参加岗前培训应是取得高等学校教师资格的必要程序——教育部人事司1998年6月发布的《关于开展高等学校教师岗前培训有关问题的通知》尽管蕴含这样的逻辑,但并未对此明言。同时,中共中央、国务院《意见》和教育部等六部门《指导意见》——由于其发文主体的权威性和等级高于《关于开展高等学校教师岗前培训有关问题的通知》的发文主体——这会在相当程度上增加各省级党委、政府以及省级教育行政部门对相关工作的重视。实际上,几乎所有的省份都根据中共中央、国务院《意见》制定了本地的文件。

教育部等六部门《指导意见》凸显了岗前培训的"开放性"。这一文件要求将各类师德规范纳入新教师岗前培训必修内容,高校新入职教师岗前须接受一定学时的师德师风专题培训并经考核合格方可取得高等学校教师资格。这是继2011年12月教育部、中国教科文卫体工会全国委员会发布的《关于印发〈高等学校教师职业道德规范〉的通知》之后，又一次要求将师德作为高校新教师岗前培训重要内容的政策文件。当然，《关于印发〈高等学校教师职业道德规范〉的通知》仅规定师德应作为新教师岗前培训的重要内容，其政策力度要小于教育部等六部门《指导意见》。由此可见，岗前培训可与时俱进地增添思想政治培训的内容。岗前培训"开放性"还体现在其可融入业务培训的内容，中共中央、国务院《意见》中关于"全面开展高等学校教师教学能力提升培训，重点面向新入职教师和青年教师"的表述就说明了这一点。实际上，2016 年 6 月教育部办公厅发布的《关于启动实施高等学校新入职教师国培师范项目的通知》也提出，"引领省级教育行政部门与培训机构探索建立符合本地区实际情况的高校新入职教师培训新模式，改变部分高校新入职教师未接受系统的教育教学技能培训就走上讲台的现状"，这体现了教育部办公厅将业务能力培训融入高校教师岗前培训的努力。

由此可见，《关于加强教师队伍建设的意见》《关于加强高等学校青年教师队伍建设的意见》《关于全面深化新时代教师队伍建设改革的意见》《关于加强新时代高校教师队伍建设改革的指导意见》等文件不仅进一步展现和强调了岗前培训的"独特性""时效性"，还展现了其"开放性"。

本章梳理了自 1996 年 4 月国家教育委员会发布《工作规程》至 2020 年 12 月教育部、中央组织部、中央宣传部、财政部、人力资源社会保障部、住房和城乡建设部发布《关于加强新时代高校教师队伍建设改革的指导意见》的 24 年间我国国家层面高校教师岗前培训政策的变化。本章以行政过程为分析视角，通过分析相关政策文件的文本，将我国高校教师岗前培训粗略地划分为"怎么办""必须办"和"这样办"的三个阶段，并逐渐展现、凸显和强调了岗前培训的"独特性""开放性""时效性"等三种属性。最后得出结论，由于这三个属性的存在，岗前培训必将在高校教师培训工作中占据越来越重要的工作——也必将会是越来越必要的工作。但是，政策的制定需要考虑各方面的积极性，政策的落实需要充分发挥各方面的能力和资源，如何做好高校教师岗前培训工作仍值得学术界投入更多的精力和智慧。对此，我们期待更多同仁加入对高校教师岗前培训的研究中。

表3-2　对高校教师岗前培训工作的划分及主要相关政策文件

阶　段	时　间	主　要　政　策　文　件
怎么办	1996 年 4 月至 1998 年 6 月	● 1996 年 4 月,国家教育委员会发布《高等学校教师培训工作规程》,首次提出"岗前培训"概念; ● 1997 年 1 月,国家教育委员会办公厅发布《高等学校教师岗前培训暂行细则》《高等学校教师岗前培训教学指导纲要》,对岗前培训"怎么办"做出详细规定,要求培训内容包含"高等教育法规基础知识""高等学校教师职业道德修养基础知识"等内容,凸显了岗前培训提升高校教师政治素质的"独特性"。
必须办	1998 年 6 月至 2012 年 8 月	● 1998 年 6 月,教育部人事司发布《关于开展高等学校教师岗前培训有关问题的通知》,要求高校教师原则上应于补充到学校后的一年之内开展岗前培训,加强了岗前培训的"时效性"。
这样办	2012 年 8 月至今	● 2012 年 8 月,国务院发布《关于加强教师队伍建设的意见》,提出教育行政部门要设立教师培训专项经费; ● 2012 年 9 月,教育部等六部门发布《关于加强高等学校青年教师队伍建设的意见》,要求建立健全新教师岗前培训制度; ● 2018 年 1 月,中共中央、国务院发布《关于全面深化新时代教师队伍建设改革的意见》,提出将新入职教师岗前培训作为取得高校教师资格的必备条件; ● 2020 年 1 月,教育部等六部门发布《关于加强新时代高校教师队伍建设改革的指导意见》,提出建立新教师岗前培训与高校教师资格相衔接的制度,要求将各类师德规范纳入岗前培训,体现了岗前培训的"开放性"。

第四章　全球区域高校教师联合培养政策的经验借鉴

　　长三角地区的区域发展是区域本身发展的需要，更是国家层面国际竞争力的需要。在世界各国全球化发展中，区域合作成为解决发展问题的重要政策工具。随着区域经济一体化的发展，区域合作已成为经济全球化时代的重要发展态势。

　　欧盟早在1992年就签订了《马斯特里赫特欧盟条约》，通过统一的教育发展规划，协调各国的高教体制、管理结构和课程设置，努力扩大其共同性、相容性、相互认可性，创造条件让教师和学生合理自由流动，推动各成员国教育和社会经济的全面发展，真正实现区域教育合作走向一体化。这些尝试为长三角地区探索高校教师培养培训的一体化发展提供了经验与借鉴，而长三角地区作为中国经济社会发展的先行地区，面对目前区域教育资源相对分散、区域发展支撑作用不足的现状，应该在区域教育合作方面走在全国前列，率先开展高校教师培养培训协作试点，探索出一条高校教师培养培训协作发展的新路，为我国高校教师培养培训的整体改革与发展提供引领和示范作用。

一、美国州际高等教育合作发展进程

　　美国高等教育由各州负责，州与州之间高等教育发展各行其是。这种办学机制是"为州服务"理念的体现。随着区域经济互动频繁，美国高校日益重视为区域社会经济发展服务，区域高等教育合作提上了日程。区域高等教育合作既可以改变资源配置不均衡的局面，优化配置高校资源，又可以改变资源分布不均衡的局面，融合各高校的优质资源，从而提高区域内所有高校的整体实力。为了真正实现区域高等教育资源共享、优势互补，美国非常重视通过成立区域高等教育合作组织促进区域内高等教育发展。1948年，南部区域教育委员会(The Southern Regional Education Board，以下简称

SREB)成立。[1] 1951 年,西部州际高等教育委员会(Western Interstate Commission on Higher Education,以下简称 WICHE)成立。[2] 1955 年,美国东部成立了新英格兰高等教育委员会(New England Board of Higher Education,以下简称 NEB HE)。[3] 1991年,中西部高等教育委员会(Midwestern Higher Education Commission),以下简称MHEC 成立。[4] 这四大区域高等教育合作组织极大地推动了美国高等教育的发展。总的来说,这四大区域高等教育合作组织就是一个协调组织,目的是面向区域社会经济发展的需要,促进区域内各高校的合作,推进资源共享,实现互惠发展。

1. 美国州际区域高校教师培养合作的主要内容

美国高校日益重视为区域社会经济发展服务,区域高等教育合作提上了日程。目前美国四大区域的州际高等教育合作组织就是一个协调组织,目的是面向区域社会经济发展的需要,促进区域内各高校的合作,推进资源共享,实现互惠发展。而其中美国西部州际高等教育委员会(Western Interstate Commission on Higher Education, WICHE)已有 70 多年的历史,是区域高等教育合作的典范。

(1) 艾纳森时期(1954—1960 年)

1954—1960 年,WICHE 的主席是哈罗德·艾纳森(Harold Enarson)。这一时期,WICHE 的主要任务是:全面调查西部高等教育需求,并且制定详细的方案满足这些需求;签署服务区域高等教育的州际协议,同时将这一协议付诸实践;力争使该机构成为西部高等教育信息交流中心;开展提高西部区域高等教育质量的研究;为教育工作者搭建一个相互了解、相互沟通的平台;搭建高校与联邦政府、国家基金会、企业界合作的平台;搭建大学教师与社会人士相互交流的平台,促进大学教师专业发展。为了完成这些任务,艾纳森采取了如下措施。

一是加强师资后备人才的培养。首先,为了更好地开发自然资源,WICHE 加强

1　成员州包括:阿拉巴马州、阿肯色州、特拉华州、佛罗里达州、佐治亚州、肯塔基州、路易斯安那州、马里兰州、密西西比州、北卡罗来纳州、俄克拉何马州、南卡罗来纳州、田纳西州、得克萨斯州、弗吉尼亚州和西弗吉尼亚州。

2　成员州包括:新墨西哥州、蒙大拿州、亚利桑那州、犹他州、俄勒冈州、科罗拉多州、怀俄明州、达荷州、阿拉斯加州、华盛顿州、加利福尼亚州、内华达州、夏威夷州、北达科他州和南达科他州。

3　成员州包括:缅因州、新罕布什尔州、佛蒙特州、罗得岛州、康涅狄格州和马萨诸塞州。

4　成员州包括:伊利诺伊州、印第安纳州、艾奥瓦州、堪萨斯州、密歇根州、明尼苏达州、密苏里州、内布拉斯加州、北达科他、俄亥俄、南达科他州和威斯康星州。

大学之间的合作,开发新技术并预测过度开发自然资源出现的各种社会问题。其次,随着学生人数的急剧增长,大量补充高校教师是 WICHE 关注的焦点。1955 年,艾纳森提出高校教师培养应与研究生培养紧密挂钩,各高校之间应共同合作,提高高校教师后备人才的教学能力。

二是开展调查研究。艾纳森接受了卡内基公司提出的建议,通过举办政策研讨会和讲习班,聘请专家和工作人员开展了一系列调查研究,收集和分享有关高等教育问题的信息,并制定能使西部各州解决这些问题的政策。1957 年,卡内基公司宣布提供为期四年的 25 万美元的资助后,WICHE 在以下两方面进行了调查研究:进行"院校研究",以确定西部高等教育系统运行所需人、财和物的资源;与斯坦福大学合作,创建了可持续教育项目,使得一些研究成果广泛运用于教育实践中。

(2) 克洛浦许时期(1960—1976 年)

1960—1976 年,WICHE 的主席是罗伯特·克洛浦许(Robert Kroepsch)。克洛浦许将 WICHE 的目标定位为:通过区域合作,增加西部 13 个州的学生接受高等教育的机会,从而提高该地区教育、文化和经济发展水平。他对 WICHE 的目标作了进一步阐述:提高该地区高等教育质量;扩大受教育机会,特别是扩大西部专业化人才的受教育机会,因为西部社会经济发展急需这方面的人才;协调各州间和机构间的合作,以提高教育资源的利用率,从而避免产生重复;提高区域高等教育管理和效率;提高公众的认识水平,使人们认识到高等教育在社会中的作用,以及认识到高等教育需要充足的财政支持;帮助高校评估和应对不断变化的西部教育和社会需求。为了达成目标,克洛浦许采取了如下措施。

一是促进教师发展项目。为保证交换学生能够得到优质的教育,WICHE 更加注重提高高校教师能力,但 1961 年调查显示高等教育仍面临严重的师资短缺问题。为改变这种现状,WICHE 与 1959 年成立的西部大学研究生院协会(Western Association of Graduate Schools,以下简称 WAGS)保持密切的合作,并争取到卡内基基金的资助,开展对西部研究生教育的广泛调查,致力于提高高校教师后备人才教学质量,增加教师人数。

二是研发信息管理系统。WICHE 所有的项目都依据一定的准则,即贯彻国家和区域的规划和政策。提高高等教育系统运行效率,提供更多的接受高质量教育的机会。为了更好地贯彻这些准则，WICHE 主动邀请来自美国教育理事会、大学理事会、美国教育部和其他感兴趣的国家及专业团体，研发并推广信息管理系统（Management Information Systems，以下简称 MIS）。后来，该系统成为全国高等教育管理系统中心（National Center for Higher Education Management Systems，以下简称 NCHEMS）。MIS 在西部高等教育发展过程中起着非常重要的作用：能够了解西部各高校信息；能够获得该区域内合作伙伴的信息；了解高校财政运行状况。

（3）斯若特肯时期（1976—1990 年）

1976—1990 年，WICHE 的主席是菲利普·斯若特肯（Phillip Sirotkin）。斯若特肯的目标有：改善和保持 WICHE 与州长和州立法者的合作关系是 WICHE 的首要目标；促进大学教师专业化成长，为教师专业发展创造良好的环境；确定"高等教育"（Higher Education）和"中学后教育"（Postsecondary Education）的概念，并确定 WICHE 对两者的作用；WICHE 需每年提交其规划、项目和发展的报告，其中包括一个需求评估和一个四年战略规划及财政计划；建议每一个州任命一名立法者为 WICHE 的委员。斯若特肯为完成自己的使命，作出了如下努力。

一是创设远程教育组织。为使学生的学习不受时空局限，实现教育资源共享，斯若特肯创设了西部远程教育合作组织（The Western Cooperative for Educational Telecommunications，以下简称 WCET）。如今，WCET 有 246 个成员机构，其中大约有一半是研究生学院和大学，另外一半是 30 个州立高等教育系统的两年制学院。WCET 不仅为决策者、大学教师专业技术人员提供了一个信息交流平台，而且还不断地总结技术交流项目运作良好的经验，这些经验已通过实践检验，且效果良好，已被应用于其他国家。最重要的是 WCET 与 NCHEMS 合作，建立了高等教育技术成本分析标准。这个标准协助很多州和学校评估他们远程学习的需求和可用资源。

二是开展信息和政策分析。政策分析工作一直是 WICHE 的一个工作重点。斯若特肯上任后，建立了信息中心（Information Clearinghouse）。其工作重点包括：收集国家和各州的相关政策；为当地社区提供信息服务；出版与西部高等教育相关的图书和调研报告；与其他组织共同致力于信息和政策分析，制定有利于西部高等教育发展的政策。1989 年，信息中心发表了 10 项研究，包括教师的供给与需求、学生的资助、西部州的人口结构变化等。

2. 对长三角的启示

尽管 WICHE 在不同阶段有不同的工作重点,但归纳这些工作重点,会发现基本上围绕如下方面展开:瞄准区域经济社会发展需要培养人才,让区域内的学生有学上、上好学;注重教师培养,提高教师专业化水平;多方合作,利用一切可以利用的资源;通过调研摸清高等教育存在的问题,提出切实可行的解决方案;利用高科技加强管理,实现信息互通有无、资源共享和人才培养等任务。根据 WICHE 的工作重点,我国区域高等教育合作组织在将来的工作中应在如下方面下功夫。

一是促进多方合作,共享优质资源。区域高等教育合作是高校、政府、企业、科研机构以及社会团体为实现区域社会经济发展的目的,在人才培养、科学研究和社会服务等方面进行的相互协调的活动,从而达到资源共享、优势互补、强强联合的共赢局面。WICHE 的三个发展阶段都很注重合作,包括校校合作、校企合作、高校与科研机构合作、州与州合作、州与联邦政府合作等。WICHE 通过多方合作,利用一切可以利用的资源,促进了西部高等教育发展。为此,我国区域高等教育合作绝不仅仅是区域内高校之间的合作,而是高校与高校、高校与社会各界良性互动的过程。它不仅需要政府的宏观调控,更需要企业、科研机构和社会各界力量的积极参与。

二是运用现代技术加强管理和培养人才。一部西部州际高等教育合作的历史,就是一部 WICHE 不断通过技术创新,运用现代技术加强管理推动西部高校培养人才的历史。WICHE 利用高科技加强管理,实现了三个目标。首先,信息互通有无。通过建立信息中心,WICHE 实现了区域内信息的共享,保证了不同组织和人士之间的顺畅沟通。其次,资源互相分享。通过开发网络平台,WICHE 不仅使学生可以分享不同学校的资源,而且使管理人员也能分享最新的经验。最后,人才培养方面,WICHE 还运用先进技术培养人才,如通过在各州间进行网络课程的交换,使学生不受时空的局限就可以接受高质量的教育。这对我国开展区域高等教育合作有重要的启示,即为了更好地加强区域高等教育合作,需要将高校管理、人才培养与技术创新紧密结合起来,如通过互联网实现课程等优质资源的共享,通过相关软件使不同组织的管理实现无缝对接。

二、欧洲博洛尼亚进程的内容及实施情况

1999 年,欧洲 29 个国家的教育部部长在意大利博洛尼亚正式提出了欧洲高等教育改革计划,宣布建立欧洲高等教育区,并发表了著名的《博洛尼亚宣言》,拉开了欧盟高等教育一体化的序幕。该进程的总目标是整合欧盟的高等教育资源,建立高等教育一体化发展体系。到 2010 年,签约国中的任意一所大学的毕业生的毕业证书和在校成绩都能获得其他签约国的认可,毕业生可以畅通无阻地在其他签约国家申请更高阶段课程的学习或者寻找就业机会。

(一)《博洛尼亚宣言》提出的行动策略

第一,建立一种更容易识别和比较的学位体系,并通过这种学位体系提高欧洲公民的就业率和高等教育的国际竞争力;第二,建立一种主要基于本科生和研究生层面的高等教育体系;第三,建立欧洲学分转换体系,以促进学生在欧洲各国的流动;第四,提高师生和学术人员的流动性;第五,促进欧洲高等教育质量保障合作,建立可比较的标准和方法;第六,促进欧洲范围内的高等教育合作,特别是课程、学习、培训和研究项目的合作。

(二)伊拉斯谟计划的主要内容

欧盟高等教育国际化战略的一个重要组成部分就是促进教师和学生的跨国流动。高等院校之间教师和学生的流动不仅可以促进知识与文化的广泛传播,而且还有利于欧洲青年对"欧洲公民"身份的认同以及国际视野的拓展。欧洲各国教师与学生的交流开始于 20 世纪中后期,但只是停留在个人自发阶段。直到"伊拉斯谟"计划实施以来,学生与教师之间的流动才不断扩大。1987 年,学生流动仅为 3 244 人,但是到 2013 年增加至 26 万多人。目前,参与"伊拉斯谟"跨国计划的学生人数已累积到 300 多万人。相比于学生之间的跨国流动,教师的流动幅度较小,但是也一直呈上升趋势。1990—1991 年教师流动仅有 1 400 人,1997—1998 年增至 7 800 人,到 2000—2001 年急剧增加到 1.44 万人,2012—2013 年增加到 5.26 万人。截至 2013 年,参与"伊拉斯

谟"计划教师流动的人数累计有 35 万人。新近推出的"伊拉斯谟＋"计划中关于高等教育领域的人员流动可分为学生流动与教师流动：在学生流动方面,致力于促使 200 多万名大学生去国外交流和学习;在教师流动,尤其是教师、讲师、学校领导和青年工作者的跨国交流方面,致力于 8 万多名教师、教育员工和青年工作者去国外教学和培训。"伊拉斯谟"关于学生与教师流动的目标与主要活动详情见下表:

表 4-1　学生与教师流动目标与主要活动

	学 生 流 动	教 师 流 动
目标	为大学生提供更多、更好的机会去增强大学生的技能和能力,以及吸引国外最优秀的人才。	发展高等院校教师的语言以及信息通信技术的能力;提供去国外专业发展的机会。
主要活动	学分流动,包括海外培训,与欧盟合作国家的交流;学位流动,一些欧盟高等院校提供优质的硕士联合课程,可以吸引来自合作伙伴国家的优秀学生;学生贷款,为了促进联合硕士学位在欧洲内部的流动。	专业发展(参与结构化课程、国外培训活动、工作观摩、前往国外合作伙伴院校考察、教学分配等)。

(三)"博洛尼亚进程"对长三角的启示

"博洛尼亚进程"是欧洲高等教育实现区域化与国际化相统一的战略过程,既包含着做强区域高等教育的经验,又蕴含着增强高等教育国际竞争力的经验。借鉴"博洛尼亚进程"中欧洲高等教育扩大国际影响力的做法,把区域化与国际化同步发展是实现高等教育强国的必然选择。具体来说启示如下:

1. 设定高等教育区的建设目标,建立超区域高等教育合作促进组织

为加强欧洲整体的世界竞争力,实现欧洲一体化的战略目标,为欧洲的经济建设提供长效的人才供给机制,寻求各成员国高等教育总体利益最大化的均衡点,欧洲启动了"博洛尼亚进程",提出了建设欧洲高等教育区的目标。长三角区域协同发展被提到国家战略的高度,区域内的经济一体化、政治文化一体化陆续展开,其他各领域的一体化目标也被提上日程。在全面开展区域一体化的浪潮中,要充分认识到高等教育在一体化中的重要作用,要参照欧洲高等教育区的建设,提前意识到一体化的可持续发展对高等教育人才供给能力的要求,设定区域高等教育区的建设目标,未雨绸缪。另

外,参照欧洲"博洛尼亚进程"的例行部长会议制度,长三角区域要建立一个超区域的高等教育合作促进组织,切实推进区域高等教育一体化工作的顺利进行。

2. 形成优质高等教育资源的共享机制

欧洲高等教育一体化用学分转化制度增强了学生接受优质教育资源的机会,扩大了优质教育资源在整个欧洲乃至更大范围内的分享,从而提高了欧洲高等教育的整体水平。长三角区域有着丰富的优质教育资源,具备成为国内高水平高等教育区的优势条件。但是该区域内的优质教育资源分布相对集中,安徽省的优质教育资源基础相对薄弱,对区域高等教育整体水平的提高来说是一个软肋,所以在长三角区域高校教师联合培养中有必要建立一套优质高等教育资源的共享机制,带动基础薄弱的地区实现整体跨越式发展,为打造国内高等教育强区域奠定基础。

3. 调动利益相关者的参与积极性

"博洛尼亚进程"最早由英、法、德、意四个高等教育强国签订的《索邦宣言》推动,该宣言提供了消除欧盟各国高等教育体制壁垒的途径,一方面是对优质教育资源的吸引,另一方面是对体制壁垒的解除,这些极大地提升了欧盟各国的参与积极性,组成了"博洛尼亚进程"的协定。长三角区域高等教育的基本状况是上海市处于优质高等教育资源的高地,应学习英、法、德、意四国那样的率先引导垂范作用,挖掘高等教育一体化改革中各方的改革红利,调动各利益相关者的积极性,使区域内各高校积极参与到一体化的合作与竞争中来。

三、非盟高等教育合作发展情况

(一)非盟高等教育区域合作的内容和进程

1. 非盟高等教育区域合作的重点领域

在《非盟高等教育一体化战略》中,明确指出非盟高等教育区域合作主要集中在以下几个方面:

(1)促使各利益相关者参与到高等教育区域化进程

《非盟高等教育一体化战略》认为高等教育区域化发展最关键的是得到各相关利益者的政治承诺,保证他们积极地参与。一是非洲各国的教育部和教育部部长,国家是参加区域合作的基本单位，要从国家层面保证高等教育区域化的实现；二是各类高等教育机构，如公立大学、私立大学、研究所等，这些高等教育机构是区域高等教育合作的主体，高等教育区域合作的核心就是高等教育机构之间的合作；三是各个国家和地区的高等教育质量保障机构，这些机构能够为高等教育区域合作提供项目信息，并为这些项目提供质量保障机制；四是学生，虽然非洲学生联盟的力量还较弱，但学生在高等教育区域合作中的力量不容忽视；五是非盟、东非共同体等参与区域化活动的非洲全洲际和区域级的机构，这些机构在高等教育区域合作中协调各国、各地区的高等教育资源，进行优化配置，为各国高等教育机构的合作与交流提供协商平台，促进非洲高等教育区域合作；六是雇主协会和专业协会，这些协会的参与能保证区域化高等教育合作研究成果的成功转化，促进各行各业的发展。

（2）开发合作课程，制定高等教育资格证书的最低标准

非洲高等教育的发展参差不齐，没有有效的高等教育质量监控系统，缺乏经费和合格的高校教师，一些非洲国家高等教育课程内容陈旧，甚至都没有条件、没有能力去开发区域经济发展所需要的课程，导致了非洲高等教育市场的混乱。因此，借助其他地区、其他国家的高等教育资源和师资力量开发合作课程，制定高等教育资格证书的最低标准，成了非盟高等教育区域合作的一个重要领域。开发合作课程，建立高等教育资格证书最低标准有利于实现"学分转移"，推动高等教育资格认证体系和质量保障机制的建立，也有助于提高高等教育毕业生质量，提高毕业生的就业能力。《非盟高等教育一体化战略》中指出非盟委员会将为高等教育部门和私营部门协会的磋商提供场所，进一步拓展资金来源，整合现存的资源，制定具体战略来指导联合课程开发计划的实施，以推动建立有针对性的高等教育资格的最低标准，计划到2015年至少通过15种资格证书的最低标准，至少有30个高等教育机构以资格证书的最低标准为非洲学生开设相关课程。

（二）对长三角区域高等教育一体化发展的启示

随着知识经济时代的到来，我国高等教育面临严峻的挑战，高等教育国际化、区域化、信息化发展迫在眉睫。通过对非盟高等教育区域合作的分析，我们能够在高等教育区域化建设中去粗取精，促进高等教育区域合作的顺利发展，使高等教育能够为区

域经济、国家经济建设贡献更多的力量,更好地建设高等教育强国和人力资源强国。

1. 成立高校师资联合培养区域协调组织

在高等教育领域,建立专门的区域合作协调组织来承担高等教育区域合作领域的协调、规划、管理等相关职能,就合作的具体问题展开工作。在非盟高等教育区域合作发展的过程中,非盟以及各个区域组织的协调作用必不可少。推进我国高等教育区域发展,需要国家发改委、财政部、教育部、科技部以及各个区域的政府等多部门共同参与,因此要协商建立高等教育区域协调组织。高等教育区域协调组织能够有效协调各方利益主体,本着互惠互利、优势互补、因地制宜的原则有效地统筹高等教育资源,共享高等教育的各种资源和要素,为各地区的高等教育发展服务,并设专兼职人员负责区域合作的项目运作和管理监督工作。

2. 构建高校师资联合培养区域管理体制

市场经济时代的到来,对我国高等教育形成了冲击,高等教育开始由计划性走向市场化,这就要求高等教育机构和区域高等教育协调组织建立起适应市场化的领导机制和投资体制,走向多元化发展。在非盟高等教育的发展中,高等教育领导机构的能力建设一直是其高等教育区域合作发展的重要项目,项目运作经费对外依附性强和财政体制的不完善又是制约高等教育发展的主要因素。因此,在推进我国高等教育区域合作的进程中,要建立高等教育区域管理体制,不断完善领导体制和筹资机制,保证高等教育区域合作的顺利开展。

(1) 完善高校师资联合培养的领导体制

在高度市场化的经济环境下,高等教育与市场的关系已经密不可分,在这个大背景下,政府要通过放权来保证高校的自主发展,推动高等教育区域合作的发展。要逐渐减少政府对高等教育的具体干涉,构建与市场经济相协调的高等教育区域管理体制,加强高校领导力建设。在现有的行政区划不变的情况下,引入市场竞争机制,通过中央政府、各地区政府间的协作和沟通,减少高等教育区域发展的行政障碍,建立相互协调的高等教育区域化的管理体制,促进区域间各种高等教育资源的整合和配置。在政府的宏观调控下,高等教育在人才培养、专业设置、科学研究、社会服务等方面越来越多地考虑市场的需求和动态,政府、高校、社会应遵循平等自愿、求同存异、优势互补、互惠互利的原则,突破原有的不合理的限制,如太过于行政化、部门重叠等,逐步实现区域内各类高等教育资源的共享,建立起区域化的科学的工作体制,促进高等教育区域管理体制的高效运转。

(2) 完善高校师资联合培养的筹资机制

在我国高等教育区域合作发展中,要立足于我国国情,鼓励多种形式办学,开辟多种投资途径,通过市场化的筹资方式,要为高等教育区域合作的发展建立以政府投资为基础、企业投入为主、社会资金为补充等多元的投资融资渠道。政府、高校和企业要专门设立高等教育区域合作基金,要加大高校、科研机构与企业的联系,推进区域间的产学研合作,加大对基础科学研究和高校的科技成果产业化转型的投资。高校要通过项目建设和科技成果转化来大力吸引社会资金的融入,要将市场机制引进高校财政管理机制,提升自身的财政管理能力,努力提高资金使用的有效性。企业可以运用多种方式为合作的高校提供资金支持,如为区域高等教育合作项目提供孵化器,进行市场融资,建立风险投资机制或科技成果转化中心,设立奖学金、助学金和培训基金用于高校科研人才的后续发展和深造。政府动员金融、税务部门参与到高等教育区域合作中,在高等教育区域合作项目的经费方面给予特别支持,合理利用现代金融资源,降低合作主体所承担的资金成本。[1] 通过以上方式,建立高等教育区域合作的筹资机制,吸引更多的资金投入到高等教育区域合作中,为高等教育区域合作提供良好的资金保障。

3. 完善区域高校师资联合培养的绩效评价机制

为保证高等教育区域化的健康发展,需要有一套系统的高等教育区域绩效评价机制,绩效评价的内容是通过发展测评指标和监控产出评估高校在教学、科研、社会服务方面对区域经济社会发展的贡献,强化高校对社会的责任意识和服务意识。建立高等教育区域绩效评价机制,能够在高等教育区域合作项目运行过程中获得及时的反馈信息,改善合作环境,提高高等教育区域合作水平,促进地区经济、社会发展,从地方经济中获得更多的教育投资,高校和地区高等教育能够获得更大的品牌效应,有能力推动地区经济建设和国家高等教育发展。

建设高等教育区域绩效评价机制,区域内高校应建立专门的评估委员会,委员会遵循项目合作前评估、项目进行中的评估、项目结束后评估的顺序,对高等教育区域合作项目实施情况进行高质量的评估。委员会主要从以下几个方面对高等教育区域合作项目进行评估:长期追踪校友的职业发展,掌握学生的来源和毕业去向,评估教学与人才培养对地区人力资源开发的作用;划定科研的使用者和获利者的范围,推动科学研究成果转化为经济发展动力,评估高校科学研究对地方产业发展和创新的贡献;通过教职工、学生在当地政治、媒体、志愿服务部门以及其他教育机构的参与度,来评估高等教育对地区社会、文化和环境发展的贡献;通过对现有的区域内合作项目实施情况的评估,使高等教育更好地为区域经济社会发展服务,提高区域能力建设。在对项目评估完成之后,委员会要将评价结果反馈给项目的主要合作主体,督促其在以后的项目合作中进行改进与完善。

4. 多方参与,搭建高校师资联合培养平台

非盟高等教育区域合作发展中,明确指出要保证国家、高校的全力参与,为高等教育的合作提供信息共享平台,在我国高等教育区域合作中,政府、高校、企业要联合参与,政府要统筹调控,为高等教育区域合作提供良好的环境,高校要明确自身的主体地位,为区域经济发展提供技术支撑,企业要履行社会责任,促进科研转化,推动产学研合作,为高等教育区域合作提供资源共享平台。

(1)政府发挥主导作用,稳定宏观环境

一切国家政策的有效实施都需要政府的有力执行,没有稳定的政治环境作保障、国家政府和组织执行力不够一直是非盟高等教育区域合作发展过程中的一大障碍,因此在我国高等教育区域建设的实践过程中,首先要保证各级政府的参与力度,为高等教育区域合作提供良好的环境,其次政府要发挥主导作用和协调作用,规划高等教育区域合作,合理统筹和利用高等教育资源,优化资源配置,促进高等教育的区域合作。

① 政府要有力参与高校师资联合培养

政府通过高等教育的区域管理机构有力地参与到高等教育区域化建设中,为高等教育区域建设提供良好的环境。高等教育区域合作是在打破原有行政区域界限的背景下实行的,由于固有的文化传统影响,地方保护主义阻碍了高等教育的区域合作与交流。因此,中央政府要促进地方政府对高等教育区域合作的参与,地方政府则要努力消除地方保护主义,为高校和社会、企业间的合作提供良好的支持性的环境,鼓励真

诚地合作,为高等教育区域合作各利益相关者提供平台,促进区域内高等教育机构之间的良性互动。

② 政府要发挥协调作用,优化高等教育资源配置

政府要在高校师资联合培养进程中发挥协调作用,协调政府、社会、高校三者间的关系,建立高校、政府、市场、社会的协同发展机制,调动区域内的各种高等教育资源,优化资源配置,构建多层次、多功能的资源服务体系,实现高等教育人才资源、物质资源和信息资源的共享,达到优势互补,提高区域内高等教育资源的有效利用,加大高等教育区域合作与交流。

(2)联合科教企业参与,构建共享平台

作为区域创新体系建设的核心内容,产学研合作是提高区域创新能力的重要保障,也是促进高等教育区域合作、加强高等教育与社会联系的重要途径。产学研合作是指产业、学校、研究三者之间的合作,即企业、高校和科研机构之间建立合作关系,企业作为技术需要主体,高校或科研机构为其提供技术支撑。[1] 在高等教育区域合作中,要联合科教企业参与,推进产学研合作,构建高等教育区域合作资源共享平台。

① 联合企业参与,推进产学研合作

企业作为产学研合作的主体,要履行社会责任,积极参与产学研合作,为高校学生提供技能实践和训练的场所,实现各种仪器等资源共享,在产学研合作中获得相应的利益,如人力资源、技术创新、新产品的研发等。[2] 为了更好地推动产学研合作,企业要建立现代管理制度和企业文化,完善企业内部的创新机制,使技术创新成为企业生存和发展之本;研究、培育和拓展市场,为高校和科研机构提供市场的最新信息,推动企业、高校和科研机构共建技术开发机构,共同推动科技成果转化、高新技术产业化;增加科技投入,提高企业的创新能力,逐渐成为产学研合作的投资主体,建立以企业投资为主、多元融资渠道的产学研合作融资机制;通过共建实体模式、大学科技园模式、共建科研基地、产业技术联盟等方式积极推进产学研合作;与政府、高校与科研机构积极合作,共同构建信息、资金、人才、成果转化等产学研合作平台,实现区域内产学研合

---

1 朱恪孝,姚聪莉.西部产学研合作模式的选择研究[M].北京:科学出版社,2011.
2 尹庆民,陈浩,裴一蕾,王小红.校企合作基于应用型高校的模式及保障机制[M].北京:知识产权出版社,2012:126-127.

作各种资源的共享,提升区域创新能力,促进高等教育科学研究的区域合作。[1]

②　搭建高等教育区域合作平台

高等教育区域合作,就是一个区域内高等教育资源共享的过程,非洲高等教育区域合作中,注重运用协调组织的力量,将非洲的高等教育资源整合到一起,致力于建立一个全州际性的高等教育资源平台,如非洲联盟组建了网络图书馆,非洲大学协会的学位论文系统,非洲虚拟大学的成立等等。在我国高等教育区域合作中,政府、高校和企业应努力搭建平台,构建多层次、多功能的资源服务体系,实现高等教育人才资源、物质资源和信息资源的共享,达到优势互补,提高高等教育资源的有效利用。首先,政府和高校要吸引优秀学者,完善激励机制,建立区域共同的师资市场,促进地区内人才的流动,充分发挥优秀人才在区域经济发展、政治政策咨询方面的作用;其次,政府、高校、企业要积极整合各种物质资源,如图书馆资料、实验室、学生体育运动中心等,高校、科研机构、企业之间要打破僵化的合作模式,实现公共基础设施、图书资料、科研器材的共享;最后,要建立高等教育区域信息网络平台,使高校教学资源、研究数据、图书文献资源、就业信息等实现网络共享,破除信息孤岛现象,避免区域内高等教育信息不对称的现象,为研究者提供及时可靠的数据信息,切实加强高等教育资源的数据化信息共享,促进区域间高等教育的合作与交流。

1　朱恪孝,姚聪莉.西部产学研合作模式的选择研究[M].北京:科学出版社,2011:130-133.

第五章 长三角区域高校教师联合培养外部宏观社会数据引擎比较

基于自身区位视角以及教育与经济发展的关系理论,分析比较长三角区位综合优势与江浙沪皖地方宏观社会经济发展指标,为分析长三角区域高校教师联合培养的必要性与可能性提供基础。

一、经济发展维度

经过40年改革开放的快速发展,长三角的改革开放意识与实践都在全国达到了较高水平,工业化已进入中后期阶段,积累了较为雄厚的经济实力。作为中国第一大和世界第六大城市群,长三角巨大的经济总量反映了其突出的市场规模优势。2017年,长三角三省一市GDP总量达到195 321亿元,占全国GDP总量827 122亿元的23.61%,长三角城市群中除浙江省金华市和安徽省池州市外,名义GDP增速均高于全国平均水平[1]。长三角16个重要城市的经济总量已接近14万亿元,占全国经济总量的16.67%,且这些城市基本上都跨上了4 000亿元的台阶。在长三角内部,2017年经济总量超过万亿元的城市数量达到5个,分别是上海(30 133亿元)、苏州(17 320亿元)、杭州(12 556亿元)、南京(11 715亿元)和无锡(10 511亿元)。人均GDP约为1.85万美元,已超过世界不少发达国家和地区,其中最高的苏州人均GDP已达2.4万美元,无锡、南京、常州等苏南城市也超过了2万美元。

另外,各地的上市企业数量也是考察区域经济实力的重要维度。2020年上半年结束之际,21数据新闻实验室发布了最新的中国上市企业市值500强排行榜单。长三角整体表现亮眼,2018年末,长三角还只有108家上市企业上榜,如今已有131家上市公司冲进市值500强。其中,上海在全国位居第三,过去两年半增加了10家上榜企

---

1 郭湖斌,邓智团. 新常态下长三角区域经济一体化高质量发展研究[J]. 经济与管理,2019,33(04):22-30.

业,500强上市企业数量达到60家,总市值为6.28万亿元[1]。长三角上市企业激增,与其高度重视总部经济有关。自2019年5月《长江三角洲区域一体化发展规划纲要》发布以来,长三角加大马力培育总部经济。如今,长三角地区已初步形成以上海为中心,南京、杭州为副中心的总部经济发展模式。

二、人口维度

长三角作为全国性人口集聚中心[2],以全国3.7%的国土面积承载了全国16.2%的人口。长三角城市群,不仅是推动长三角地区乃至全国经济发展的重要增长极,还是我国城市密度最高、流动人口集聚的区域。2000—2010年,长三角城市群流动人口规模从2 169.22万人增加到4 783.38万人,虽然近几年长三角城市群人口流动速度放缓,但人口流动数量仍处于较高水平,2018年长三角流动人口规模为2 905.89万人[3]。

三、产业结构维度

长三角三省一市在推进产业结构高级化的过程中,一直存在着很强的区域间产业转移和承接现象,如安徽省为承接上海市和长三角其他地区的产业转移而专门出台"皖江城市带承接产业转移示范区规划",是安徽省首个上升为国家战略的区域产业发展规划。但这种区际产业转移和传统的企业搬迁有明显的不同,而是一种基于价值链整合的产业内部功能性分工,是不同地区之间在产业互补基础上的细化分工。同一产业在长三角多个地区存在,但多个地区之间却存在着内部分工上的差异,如研发和营销职能进一步向上海及区域重要城市区集聚,而生产、制造、客户服务等职能则分散在长三角各个有优势的区域,通过产业链内部职能分工强化了区域间的经济联系,并推动长三角一体化发展。

1　刘美琳.总部经济发展能级和集聚辐射能力明显提升,企业(机构)总部数量累计增长20%[N].21世纪经济报道,2020－07－03(5).
2　张耀军,岑俏.中国人口空间流动格局与省际流动影响因素研究[J].人口研究,2014,38(5):54－71.
3　国家卫生健康委员会.中国流动人口发展报告2018[M].北京:中国人口出版社,2018.

表5-1 长三角地区主要年份三省一市产业结构的变动情况 1

省　市	产业结构	1991	1995	2000	2005	2010	2015	2016	2017
上海市	第一产业	3.8	2.4	1.6	1.0	0.7	0.4	0.4	0.3
	第二产业	61.6	56.8	46.4	47.5	42.3	32.2	29.8	30.7
	第三产业	34.6	40.8	52.0	51.5	57.0	67.4	69.8	69.0
江苏省	第一产业	21.5	16.8	12.2	7.9	6.1	5.7	5.4	4.7
	第二产业	49.6	52.7	51.9	56.6	52.5	45.7	44.1	45.0
	第三产业	28.9	30.5	35.9	35.6	41.4	48.6	50.5	50.3
浙江省	第一产业	22.5	15.5	10.3	6.7	4.9	4.3	4.2	3.9
	第二产业	45.4	52.1	53.3	53.4	51.1	45.9	44.8	43.5
	第三产业	32.1	32.4	36.4	39.9	44.0	49.8	51.0	52.7
安徽省	第一产业	28.7	29.0	25.6	18.1	14.0	11.2	10.6	9.5
	第二产业	42.2	45.4	36.4	42.0	52.1	49.8	48.1	48.0
	第三产业	29.1	25.6	38.0	39.9	33.9	39.0	41.3	41.5

　　从表中可以看出,上海市的三次产业结构自2000年开始就呈现出"三二一"的后工业化阶段经济发展特征,且第二产业比重逐年下降、第三产业比重逐年上升,仅在2017年有微小的调整,第一产业则一直呈现逐年下降的趋势。江苏和浙江两省的工业和制造业发达,两省的第二产业一直在国民经济总量中占有很高的比重,两省的第二产业比重都是呈现出先升后降的发展趋势,第二产业比重变动的同步性较强。而第三产业基本上是一直上升的趋势,产业结构的高级化趋势逐渐加强,与上海市的三次产业结构呈现出较好的互补性,自2015年,江苏和浙江两省呈现出后工业化阶段经济发展特征。相对而言,安徽省三次结构中,第二产业一直占据非常重要的地位,除个别

---

1 郭湖斌,邓智团. 新常态下长三角区域经济一体化高质量发展研究[J]. 经济与管理,2019,33(04):22-30.

年份第三产业比重高于第二产业外,产业结构的"二三一"特征尤为显著。

表5-2 长三角地区主要年份三省一市制造业主导产业的变动情况[1]

年份	上海市	江苏省	浙江省	安徽省
2000	1. 通信设备、计算机及其他电子设备制造业;2. 交通运输设备制造业;3. 黑色金属冶炼及压延加工业;4. 通用设备制造业;5. 电气机械及器材制造业	1. 纺织业;2. 化学原料及制造业;3. 电子及通信设备制造业;4. 电气机械及器材制造业;5. 普通机械制造业	1. 纺织业;2. 电气机械和器材制造业;3. 通用设备制造业;4. 电力、热力的生产和供应业;5. 化学原料及化学制品制造业	1. 电力、热力的生产和供应业;2. 电气机械及器材制造业;3. 黑色金属冶炼及压延加工业;4. 纺织业;5. 煤炭开采和洗选业
2005	1. 通信设备、计算机及其他电子设备制造业;2. 交通运输设备制造业;3. 黑色金属冶炼及压延加工业;4. 通用设备制造业;5. 化学原料及化学制品制造业	1. 通信设备、计算机及其他电子设备制造业;2. 化学原料及化学制品制造业;3. 黑色金属冶炼及压延加工业;4. 纺织业;5. 电气机械及器材制造业	1. 纺织业;2. 电气机械和器材制造业;3. 通用设备制造业;4. 电力、热力的生产和供应业;5. 化学原料及化学制品制造业	1. 黑色金属冶炼及压延加工业;2. 煤炭开采和洗选业;3. 电力、热力的生产和供应业;4. 电气机械及器材制造业;5. 交通运输设备制造业
2010	1. 通信设备、计算机及其他电子设备制造业;2. 交通运输设备制造业;3. 通用设备制造业;4. 化学原料及化学制品制造业;5. 黑色金属冶炼及压延加工业	1. 计算机、通信和其他电子设备制造业;2. 化学原料及化学制品制造业;3. 电气机械及器材制造业;4. 黑色金属冶炼及压延加工业;5. 交通运输设备制造业	1. 纺织业;2. 电气机械和器材制造业;3. 化学原料和化学制品制造业;4. 电力、热力生产和供应业;5. 通用设备制造业	1. 煤炭开采和洗选业;2. 机械及器材制造业;3. 交通运输设备制造业;4. 黑色金属冶炼及压延加工业;5. 电力、热力的生产和供应业
2015	1. 计算机、通信和其他电子设备制造业;2. 汽车制造业;3. 通用设备制造业;4. 化学原料和化学制品制造业;5. 电气机械和器材制造业	1. 计算机、通信和其他电子设备制造业;2. 化学原料和化学制品制造业;3. 电气机械和器材制造业;4. 通用设备制造业;5. 黑色金属冶炼和压延加工业	1. 电气机械和器材制造业;2. 纺织业;3. 化学原料和化学制品制造业;4. 电力、热力生产和供应业;5. 通用设备制造业	1. 电气机械和器材制造业;2. 非金属矿物制品业;3. 化学原料和化学制品制造业;4. 通用设备制造业;5. 汽车制造业

[1] 郭湖斌,邓智团. 新常态下长三角区域经济一体化高质量发展研究[J]. 经济与管理,2019,33(04):22-30.

上海市制造业结构在保持计算机、通信和其他电子设备制造业领先地位的同时，积极发展现代高端装备制造业和汽车制造业（包括新能源汽车制造业）等战略性新兴产业，有选择地淘汰传统工业制造业（2015 年上海市黑色金属冶炼及压延加工业总产值已经跌出前五大细分行业），努力提升制造业的技术含量，为上海建设"全球科创中心"奠定了坚实的产业基础。从 2005 年开始，江苏省制造业细分行业中，通信设备、计算机及其他电子设备制造业与化学原料及化学制品制造业一直是排名第一、第二的行业，且其行业总产值远高于上海市同一细分制造业的产值。以 2015 年为例，江苏省计算机、通信和其他电子设备制造业的总产值为 18 896.93 亿元，是上海市该行业总产值5 323.39 亿元的 3.55 倍；而排名第二位的化学原料和化学制品制造业总产值（16 810.32 亿元）分别是同期浙江省（5 398.30 亿元）的 3.11 倍、上海市（267.06 亿元）的 6.81 倍、安徽省（537.86 亿元）的 31.25 倍。浙江省制造业以纺织、服装、鞋帽等制造业细分行业为特色，纺织业一直是浙江省制造业排名靠前的行业，与其他三省市形成了明显的互补性。相对而言，安徽省制造业总量规模较小，2015 年总产值排名第一位的电气机械和器材制造业，其总产值仅为 1 086.93 亿元，是同期同一细分行业江苏省 16 266.32 亿元的 0.067 倍、浙江省 6 302.9 亿元的 0.172 倍、上海市 2 150.84 亿元的 0.505 倍。

四、内部交通维度

作为全国交通运输网络密度和服务水平领先的地区，长三角地区交通运输发展成就显著。2018 年年底，区域干线铁路、高速铁路网面积密度分别是全国平均水平的 2.2 倍和 2.6 倍，高铁客运规模和频次处于较高水平，铁路客运密度是全国平均水平的 2.1 倍，其中高铁客运量约占 75%。区域干线公路网便捷高效，高速公路覆盖 97%以上的县级行政区，路网面积密度是全国平均水平的 2.8 倍。长三角地区拥有全国最发达的内河航道网，等级航道里程约占全国的 30%。以上海港为核心、江浙沿江沿海港口为两翼的"一体两翼"世界级港口群基本形成，地区规模以上港口货物吞吐量和外贸集装箱吞吐量分别占全国的 39.1% 和 44.9%。上海国际航空枢纽地位持续巩固，杭州、南京、合肥等区域航空枢纽功能显著增强，协同联动的长三角机场群加快优化，地区运输机场完成旅客吞吐量和货邮吞吐量分别占全国的 19.6％和 34％。上海虹桥、南京南站、杭州东站、合肥南站等综合客运枢纽以及一批现代化货运枢纽的建成，成为我国综合交通枢纽规划建设的典范。杭州湾跨海大桥、苏通大桥、洋山港集装箱全自动码头、长江口深水航道治理工程等一批交通超级工程闻名全球,彰显了我国交通"硬实力"[1]。

　　长三角地区交通网络先后经历水运为主、铁路为主、高速公路为主阶段,现阶段正进入以高速铁路为主导、城际快速轨道为主体的高铁时代[2]。在高铁时代,高铁网络的战略地位凸显,引领区域交通设施网络构建,成为影响区域经济地理格局的关键性因素[3]。目前,国家级"八纵八横"高速铁路运输网中,京沪通道、沿海通道、陆桥通道、沪昆通道、沿江通道等 5 条线均经过长三角区域,长三角城市群高铁的发达密集程度居中国各大城市群之首。到 2020 年末,长三角高铁超过 5 300 km,运营范围覆盖除浙江省舟山市以外所有地级以上城市,区域内将形成干线成网、支线密布、功能集成、能力均衡的高铁网。在高铁时空压缩效应作用下或预期影响下,原先制约欠发达地区承接产业转移的交通瓶颈逐渐被打破,皖江、苏北等长三角欠发达地区劳动力供给、开发空间、区位等原先处于潜藏状态的比较优势被激发,正崛起成为长三角地区具有战略地位的新型产业高地。

　　根据国家发展改革委、交通运输部印发的《长江三角洲地区交通运输更高质量一体化发展规划》,到 2025 年,长江三角洲地区一体化交通基础设施网络总体形成,基本建成"轨道上的长三角",铁路密度达到 507 km/万 km[2],省际公路通达能力进一步提升。长三角地区一体化运输服务能力大幅提升,中心城市之间享受 1 至 1.5 h 客运服务,上海大都市圈,以及南京、杭州、合肥、苏锡常、宁波都市圈内享受 1 h 公交化通勤客运服务。三省一市协同共建机制更加健全,政策、标准等充分对接,形成交通一体化体制机制改革创新的"长三角样板"。

1　耿彦斌,孙鹏,陈璟,肖春阳. 把准交通运输六大定位,加速长三角区域一体化[N]. 中国交通报,2020 - 05 - 08(3).
2　方大春,杨义武. 高铁时代长三角城市群交通网络空间结构分形特征研究[J]. 地域研究与开发,2013(2)：52 - 56.
3　吕永刚,吴勇民. 高铁效应与长三角经济地理格局重塑：基于新产业革命的视角[J]. 现代经济探讨,2019(09)：74 - 77.

五、对外开放维度

改革开放以来,长三角作为我国对外开放的前沿阵地,积极吸收制造业 FDI 和开展加工贸易,取得了区域经济持续多年的高速增长。长三角地区创造出的经济总量约占全国的 1/4,进出口总额、外商直接投资、对外投资约占全国的 1/3。但是随着国内外发展条件和环境的变化,以劳动力、土地等低成本要素为基础的出口导向型开放战略已表现出不可持续性,从而无法支撑经济持续健康发展[1]。

为此,以上海为中心的长三角地区积极拓展基于内需的对外开放,"主动"扩大对外开放领域,在深化制造业对外开放的同时,也积极扩大服务业主要是竞争性现代服务业的对外开放。上海自由贸易区的建立、两届中国国际进口博览会的举办等,充分凸显了长三角地区的整体合作优势和独特作用。与此同时,大幅度放宽市场准入、创造更有吸引力的投资环境、加强知识产权保护、主动扩大进口,这些更高层次的开放举措正在长三角地区有条不紊地实施[2]。在不断开放的条件下,长三角地区内部正在加快建设现代产业体系,尤其是发展高科技和战略性新兴产业。

---

1 杜宇玮. 高质量发展目标下长三角开放型经济发展的战略选择[J]. 江南论坛,2018(7):11-13.
2 李婷,王斯敏,蒋新军,张梦泽. 长三角释放更高层次对外开放推动力[N]. 光明日报,2019-12-24(7)

第六章 长三角区域高校教师联合培养内部 微观教育发展现实比较

以自身教育发展视角,基于高等教育类型与层次理论,分析比较长三角区位高校教师培养的综合优势与江浙沪皖地方教育发展指标,为分析影响长三角区域高校教师联合培养问题的因素与机制问题提供重要的基础。

自 2003 年开始,长三角区域高校教师联合培养理念受到中央和地方政府及各大高校的重视,目前,长三角区域教育联合培养已初步形成以政府政策支持为辅,政府与高校参与为主,官方与民间协作机制为主要形式的发展路径。下面将根据层次理论,分析长三角高等教育在高校教师培养机制领域的发展基础现状。

一、长三角区域高校教师联合培养的成就与经验

在长三角区域高校合作中,高校教师的校际交流和培养一直是区域教育协作工作中的重要议题。为此,中央政府主要采用发布指导意见的方式,推动长三角高校教育一体化;地方政府和教育部门根据上级意见,定期召开官方研讨会,以协议方式引导区域高校教师合作框架的形成。而各大高校则积极通过校际合作方式,在普通高等教育、成人高等教育、网络教育等层面达成专业学科的合作。

(一)中央政府为长三角区域高校教师联合培养提供指导意见

中央政府积极推动长三角区域经济社会发展一体化,对长三角区域高校教师联合培养提供了政策支持和要求。2008 年国务院印发《国家进一步推进长江三角洲地区改革开放和经济社会发展的指导意见》(国发[2008]30 号),提出加强长三角合作与交流发展战略要求。2010 年 7 月,国务院下发《国家中长期教育改革和发展规划纲要(2010—2020)》,提出当前区域教育存在发展不平衡的问题,提出东部地区高等教育率先联合发展,提升高等教育的人才培养质量,优化办学结构等针对性建议。2014 年 6

月,教育部出台了《关于进一步推进长三角洲地区教育改革与合作发展的指导意见》(教发[2014]7号),支持长三角地区联合成立"长三角地区教育协作组与发展研究中心",推进区域性师资队伍建设合作,加大互派教师交换任教、互派干部交流挂职的力度,探索形成长三角地区师资合作培养、共同提高的新机制。2019年,中共中央、国务院印发《长江三角洲区域一体化发展规划纲要》(国发[2019]35号),在推动区域共享高品质教育资源的过程中,要求各地推动教育合作发展,协同创新,深化教师交流合作机制,促进教育均衡发展,实现区域教育现代化。

(二)地方政府为长三角区域高校教师联合培养提供政策支持

地方政府积极为长三角高校教师联合培养提供政策建议和支持。2003年4月,浙江、江苏、安徽三省共同发表《长三角人才开发一体化共同宣言》,旨在落实人才强国和长三角一体化国家战略。2008年,江浙沪教育行政部门负责人签署"上海市、江苏省、浙江省关于长三角社区教育合作协议",旨在建立区域社区教育在网络课程的资源共享和联合培养机制。2009年,长三角教育联动发展研讨会召开,针对区域教育未来合作框架议题进行研讨,签订"关于建立长三角教育协作发展会商机制协议书",进一步推动了长三角教育联动一体化发展。至今长三角教育协作会议已成功举办了十一届,在多领域达成实质性合作。2011年4月,上海市教育委员会、江苏省教育厅、浙江省教育厅共同签署"长三角地区高校图书馆联盟的框架协议",推动了长三角地区图书馆资源服务共享和人员交流,为高职高专图书馆的专业人员提供进修培训机会。

(三)各大高校落实长三角区域高校教师联合培养实质合作

长三角地区的众多高校也纷纷将区域高校教师联合培养纳入校际合作议程。从校际合作层面来看,为落实三省一市教育资源合作共享精神,各大高校纷纷加大校际合作力度,促进高校教师联合培养的发展。2005年,由上海的复旦大学、上海交通大学、华东师范大学,江苏的东南大学,浙江的浙江大学以及安徽的中国科学技术大学组成的长三角高校合作联盟成立,旨在加强校际师生交流。2013年11月,首届长三角高教学会、高教所长联合沙龙在上海市教育科学研究院举行,与各大高校专家和学者共享研究的最新成果。2014年,皖、浙、苏、沪三省一市的20所新建本科院校加入"长三角地区应用型本科高校联盟",共同探索应用型本科培养领域的机制合作,推动长三角区域内部教育资源、师资实训等方面的有效合作。[1]

在专业学科合作上,除了加强教师在职后教学素养和能力领域的交流和培训外,各大高校还通过建立各学科合作联盟,促进高校教师在各自专业领域的校际交流与培训,深化长三角地区教育合作与交流。2013 年 7 月,华东师范大学、上海师范大学、南京师范大学、浙江师范大学、安徽师范大学等五所师范院校参加了首届长三角教师教育联盟工作会议,旨在落实《长三角教师教育联盟合作框架协议书》相关工作内容,推动落实以名师为引领,以学科为纽带,搭建起区域内不同地区、不同学校、统一学科之间骨干教师学科教研教学学术交流平台的教学目标。与会代表围绕教师"职后培养"区域合作,提出卓越教师联合培养计划,设立区域教师继续教育协同培训中心等教育实习基地等宝贵意见。[2] 2017 年,长三角高校新媒体联盟成立,旨在搭建高校新媒体相互交流与资源共享的新平台。[3] 2018 年 3 月,江浙沪三省市近十家书院联合参与长三角高校书院联盟论坛,并联手打造包括联盟教师的交流平台在内的四大平台,积极推动书院导师、管理人员交流互访合作。[4] 2019 年 10 月,由复旦大学、浙江大学、南京大学、安徽大学、安徽师范大学五所高校的经济学院共同主办,安徽师范大学经济管理学院承办的"'长三角'三省一市政治经济学教师研讨会"召开,[5]随后发布《长三角政治经济学科创新联盟倡议书》。

二、差异比较及结论

长三角高校教师联合培养共识已逐渐深入人心,目前已在部分头部学科领域达成区域合作,例如应用工程、图书管理、高等教育、经济管理等专业学科达成合作倡议。

1　"'长三角地区应用型本科高校联盟'在安徽成立",《教育与职业》,2014 年 34 期,第 12 页。
2　"长三角教师教育联盟会议在校召开,五所师范高校练手公推教师教育发展",华东师范大学报,2019 年 9 月 3 日,访问时间:2020 年 6 月 12 日。
3　"长三角高校新媒体联盟成立大会暨首届论坛在我校召开",《上海财经大学报》,2017 年 10 月 15 日,访问时间:2020 年 6 月 12 日。
4　"'长三角地区高校书院联盟'成立,创新高校人才培养机制",中国新闻网,2018 年 6 月 29 日,访问时间:2020 年 6 月 12 日。
5　"我校成功举办'长三角'三省一市政治经济学教师研讨会",《安徽师范大学学报(人文社会科学版)》,2019 年第 6 期,第 132 页。

目前,长三角地区已初步形成政府推动,高校主体组织参与的发展模式。2003 年以来,长三角地区已成立十大高校教师培养联盟(见表 6-1),已有至少一半的高校参与其中。从合作规模来看,既有高校教师合作联盟已初具规模,大部分联盟的高校数量都在 5 所以上。从结构上来看,沪、苏两地在已有高校教师培养联盟中的占比约在 50% 以上,安徽高校参与较少,约占 24%。就层次而言,联盟中一流高校(即"985""211"及双一流高校)与一般高校之比约为 1∶5。

表 6-1 初步建成的长三角高校教师培养联盟

序号	名称	联盟成员	建立时间
1	长三角高校合作联盟	8 所:复旦大学、上海交通大学、华东师范大学、同济大学、南京大学、东南大学、浙江大学、中国科学技术大学	2005 年(2011 年由 6 所扩大为 8 所)
2	长三角高校图书馆联盟	上海 56 所,浙江 57 所,江苏 40 所,安徽 96 所	2011 年 4 月
3	长三角教育联盟	5 所:华东师范大学、上海师范大学、南京师范大学、浙江师范大学、安徽师范大学	2013 年 9 月
4	长三角地区应用型本科高校联盟	26 所:上海应用技术学院、上海理工大学、上海汉堡国际工程学院、上海杉达学院、上海立信会计学院、上海电机学院、上海电力学院、上海建桥学院、上海商学院、金陵科技学院、常熟理工学院、徐州工程学院、常州工程学院、三江学院、无锡太湖学院、宁波工程学院、浙江财经大学东方学院、浙江农林大学学院、宁波大红鹰学院、台州学院、合肥学院、安徽科技学院、合肥师范学院、皖西学院、黄山学院、滁州学院	2014 年 11 月
5	长三角新闻出版职教创新联盟	上海出版印刷高等专科学校	2017 年 1 月
6	长三角高校新媒体联盟	24 所:上海财经大学、复旦大学、上海交通大学、同济大学、华东师范大学、华东理工大学、东华大学、上海外国语大学、上海大学、南京大学、东南大学、中国药科大学、南京理工大学、南京师范大学、江南大学、苏州大学、江苏大学、中国矿业大学、中国科学技术大学、安徽大学、合肥工业大学、浙江大学、浙江师范大学、浙江财经大学	2017 年 9 月

序号	名　称	联　盟　成　员	建立时间
7	长三角高校书院联盟	10所：华东师范大学、复旦大学、上海科技大学、华东政法大学、苏州大学、南京审计大学、江苏师范大学、苏州科技大学、绍兴文理学院、温州大学	2018年6月
8	长三角研究型大学联盟	5所：浙江大学、复旦大学、上海交通大学、南京大学、中国科学技术大学	2019年5月
9	长三角政治经济学科创新联盟	14所：复旦大学、上海财经大学、上海社会科学院、同济大学、南京大学、南京财经大学、浙江大学、扬州大学、浙江工商大学、浙江理工大学、安徽大学、合肥工业大学、安徽师范大学	2019年10月
10	长三角美术教育研究联盟	华东师范大学	2018年
11	上海社区(老年)教育长三角一体化发展联盟	上海老年大学、上海开放大学	
12	长三角医学教育联盟	10所：复旦大学、上海交通大学、上海中医药大学、南京医科大学、苏州大学、南京中医药大学、浙江大学、温州医科大学、中国科学技术大学、安徽医科大学	2019年12月

注：表中所列联盟依据官方公开资料整理而成，参见上海教育委员会"关于公布2019年度区域教育协作新机制试验项目评审结果的通知"。

最初长三角高校教师联合培养工作倡议主要由上海市、浙江省、江苏省两省一市发起及主导实施，而安徽省2011年才加入长三角高校教师培养队伍中。

三、问题与障碍

长三角高校教师联合培养是长三角社会经济发展的现实需求，是优化长三角区域教育资源配置、促进教育改革与发展的必然需求。当下，该区域在人才交流、师生培养等方面已达成初步合作共识，然而由于意识形态、行政规划等问题，长三角区域高校教师联合培养机制建设仍然面临以下问题与障碍。

(一) 联合培养机制仍处于倡议阶段

虽然三省一市教育部门和各大高校已采用专业学科联盟方式,建立人才交流及资源共享平台,推动长三角高校教师联合培养机制的构建,但在研讨会后续的工作推进中,大部分合作协议仍停留在达成共识的倡议阶段,存在形式大于内容的倾向。部分已建立的高校合作联盟虽然以区域集群效应,提高教育资源的有效配置为目标,但地方政府主导和高校协同机制在运行过程中并未系统形成制度化管理和运营,组织相对松散。目前,各大校际联盟仍然以学术交流、讲座、沙龙等短期形式进行合作,部分联盟未设立长期的工作小组和完善的激励机制,中长期人才集群凝聚吸引力较弱。

(二) 区域教育资源分布不均

在推动长三角高等教育一体化的进程中,各省市虽然明确自身优势地位,但存在区域教育资源分布不均的问题。虽然长三角地区教育资源相对丰富,但优质的高校教师资源主要集中在三省一市中的经济发达地区(详见图6-1)。上海市与浙江省的本科院校数量大于专科院校数量,而江苏、安徽两省则由于经济社会发展原因,专科类院校占比较大。这一现象可能导致部分区域因自身教育吸引力不足等问题,无法与其他省市统一制定联合教师培养门槛。

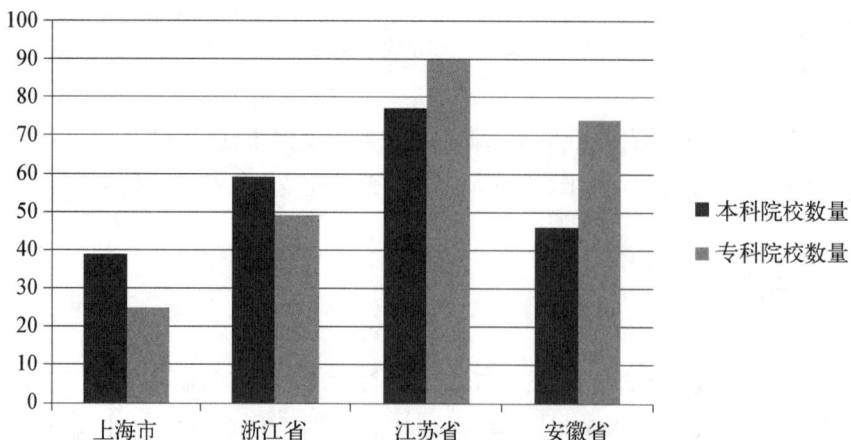

图6-1　苏皖本科院校数量少于专科院校
(注：表中所列联盟依据官方公开资料整理而成)

　　除了本科院校与专科院校的比较外,三省一市中优质高校资源分布也存在地域分布不均的现象(详见图6-2)。总的来看,长三角地区优质高校(被评为"985""211""双一流"评级)共有32所,其中上海市与江苏省各占13所,约占总数量的82%,浙江省、安徽省院校数量占比较少。

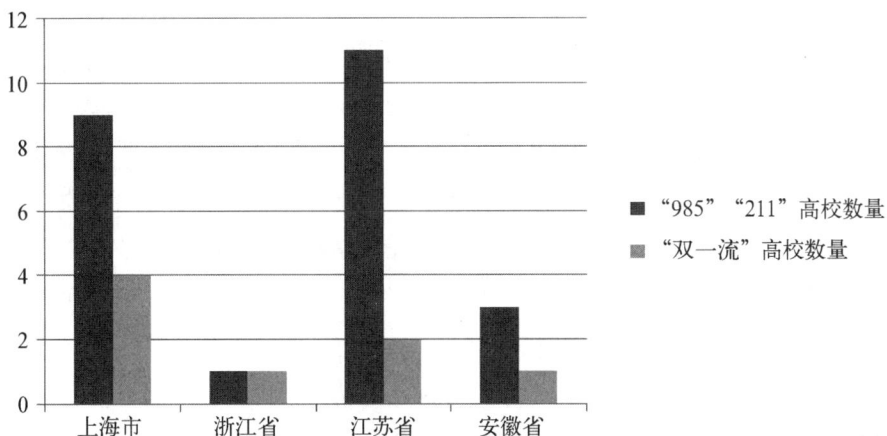

図6-2　优质高校分布不均
(注:表中所列联盟依据官方公开资料整理而成)

(三) 行政主导制约区域联合培养

　　政府主导模式固有的行政管理壁垒是当前提升长三角区域高校教师联合培养效率的现实困境。毋庸置疑,政府在推动长三角区域高等教育和联合培养一体化中起到了强有力的主导作用,并运用项目激励等政策推动高校联合培养机制的构建。[1] 在长三角经济发展一体化进程加快的影响下,长三角高校教师联合培养理念融合在高等教育一体化目标中。然而,由于教育资源分布不均,各省市更偏向于制定满足本地需求的教师联合培养计划,这一发展路径进一步制约了跨区协调发展目标的实现。由于当下长三角地区正处于经济结构优化转型的关键期,各省市都在结合社会及市场发展需求,扩大经济管理、核心技术等专业的师资交流培训,从而提升自身教学竞争优势,推动高校综合创新发展。在强政府政治和注重经济效益的思维模式下,政府、学校和各

---

[1]　吴颖,崔玉平.长三角区域高等教育一体化的演进历程与动力机制[J].高等教育研究,2020(1):33.

社会力量更多地深耕本地区高校交流而非跨区高校联合培养,财政上更多地划拨给区域内部发展发展。各自为营的发展路径容易导致长三角区域师资培训的差异化和无序发展,[1]而潜在存在的权力寻租、政策倾斜等消极影响,可能会限制联合培养的集群效用及成果。

(四) 高校自身实力不足、竞争受限、自主权受限

高校自身发展实力和实际需求差异化是促成高校教师培养协作过程中出现的另一难点。虽然已有政府政策扶持,高校可加强区域高等教育、基础教育、职业教育和师资培训等领域的校际合作,然而区域上各地专业学科领域分布不均,教育规模与质量良莠不齐。从区域上来看,上海市经济学、管理学的学科优势较强,浙江省在工程技术研发上具有较为坚实的基础,而江苏理工类学科专业优势明显。[2] 这一现象可能导致区域内部可合作的学科人才培养受限。

除了区域上高校存在学科优势分布不均的情况,一方面,竞争实力较弱的高校在参与教师联合培养机制建设中不具备较强的人才吸引力和活力;另一方面,部分高校存在优势学科同质化,在师资培养和交流上可能存在竞争关系,资源配置缺乏活力。当下高校基层学术组织、研究院所定期展开校际交流活动中存在问题,如高校联盟合作框架落实效果不如双边合作效用,因而目前仍以双边合作方式建立互赢稳定的联合培养机制。

此外,在落实高校教师联合培养工作的进程中,政府主导学校发展和学校内部自上而下的管理模式影响着高校师资培训的参与方式和议程的安排,而行政引导与科研人员执行之间也存在功能交叉的情况。

1　陈慧星.长三角一体化发展背景下区域高校创新联动策略探究[J].教育探索,2019(4):55.
2　侯蔚.长三角区域一体化下的高校协同发展战略选择与制度创新[J].中国高教研究,2014(4):32.

第七章　长三角高校新教师培训比较研究

如本书导论部分所说的那样,长江三角洲是一个范围稳定的自然地理概念,但国家政策中的长三角地区的范围经历过多次变化。例如,2008 年,国务院发布《关于进一步推进长江三角洲地区改革开放和经济社会发展的指导意见》,文件将长江三角洲地区定义为上海、江苏和浙江三个省市;而在 2019 年,中共中央、国务院印发《长江三角洲区域一体化发展规划纲要》(以下简称中共中央、国务院《规划纲要》),则将上海、江苏、浙江、安徽全域定义为长三角地区。国家政策对长三角地区范围定义的变化反映了其承载的政治经济使命的变化。基于以下原因,本书中的"长三角地区"包含且仅包含上海、江苏、浙江、安徽三省一市全域:一方面,中共中央、国务院《规划纲要》已经将长三角地区扩展至江浙沪皖全域,这是所有政策文件中关于长三角地区最权威、最新的定义;另一方面,早在 2009 年,上海市、江苏省和浙江省三地就签署了《关于建立长三角教育协作发展会商机制》,2012 年,安徽省又正式加入长三角教育协作体,本研究关注教育政策,上海、江苏、浙江、安徽这三省一市是长三角教育协作的主角。

一、长三角地区教育资源概览

长三角地区汇聚了我国丰富的教育资源。2020 年,长三角地区的三省一市共有高等院校 455 所(其中江苏 167 所、浙江 110 所、上海 63 所、安徽 115 所),高等学校专任教师 30.97 万人(其中江苏 12.60 万人、浙江 7.04 万人、上海 4.77 万人、安徽 6.56 万人),在校本专科学生 531.6 万人(其中江苏 225.84 万人、浙江 114.8 万人、上海 54.07 万人、安徽 136.85 万人),分别占全国高校总数(2 738 所)的 16.6%、全国高校专任教师总数(183.29 万人)的 16.9%、全国在校本专科学生总数(3 496.13 万人)的 15.2%。[1]

1　数据来源于《江苏统计年鉴 - 2021》《2021 年浙江统计年鉴》《2021 年上海统计年鉴》《安徽统计年鉴 - 2021》。

这些数据虽然均高于11.8%——即长三角地区的省份数量占全国省级行政区数量的比例——虽然并不明显。这种不明显由两方面因素造成：一方面，我国高等教育资源分布的不均衡导致大多数省份拥有的高等教育资源低于全国平均值；另一方面，高校之间实力的悬殊导致"名校"的数量（而非所有高等院校的数量）才是决定某一省份高等教育资源多少的决定性因素。这两方面因素造成，尽管长三角四地拥有的高等教育资源并不明显高于全国平均值，但却是除北京之外高等教育资源最为聚集的地区。

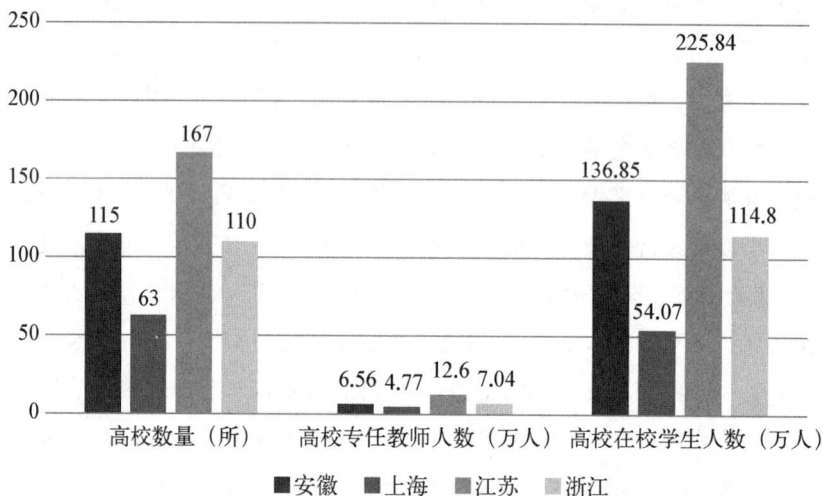

图7-1　江浙沪皖四地的高校数量、高校专任教师人数、高校在校学生人数

尽管"名校"的边界并不清晰，但自20世纪末"211工程""985工程"启动以来进入这两个工程的高校一般被认为是名校。自2017年国家启动"双一流"建设以来（尤其是在2019年教育部声明将"211工程""985工程"统筹为"双一流"建设后）入选一流大学建设序列、一流学科建设序列的高校一般也被认为是名校。

名校在各地的分布并不均衡。例如，北京拥有"211工程"高校26所、"985工程"高校8所，分别占全国总数量的23.2%和20.5%[1]，是我国教育资源最集中的省份；与此相对，广西、贵州、海南、河北、河南、江西、内蒙古、宁夏、青海、山西、西藏、云南、新疆

1　自我国1995年启动"211工程"、1998年启动"985工程"以来，我国共有112所高校成为"211工程"高校，39所高校成为"985工程"高校，2011年"211工程""985工程"均不再新增学校加入。

均无"985 工程"高校,仅各有 1 所"211 工程"高校,这 13 个省份的"211 工程"高校总数仅为北京的一半。实际上,北京的教育资源是如此丰富,以至于北京是极少数省级教育工委书记由省级党委常委兼任的省份(如林克庆于 2016 年至 2018 年、王宁于 2018 年至 2021 年、夏林茂于 2021 年至今都曾任北京市委常委、教育工委书记)——当然,有必要指出的是,尽管天津市教育工委书记也由天津市委常委兼任,但天津的"211 工程""985 工程"高校数量(分别为 3 所、2 所)均不高于上海(分别为 9 所、4 所)和江苏(分别为 11 所、2 所),而上海和江苏的教育工委书记则不由省级党委常委兼任。除北京之外,长三角地区——尤其是上海和南京两个城市——是教育资源最为聚集的地区,无论是 1995 年至 2019 年的"211 工程""985 工程"高校数量,还是 2017 年以来的一流大学建设高校和一流学科建设高校数量均体现了这一点。

长三角地区共有"211 工程"高校 24 所,占全国总数的 21.4%。长三角地区的这 24 所"211 工程"高校,位于江苏的有 11 所(分别为南京大学、东南大学、苏州大学、江南大学、河海大学、中国矿业大学、南京理工大学、南京航空航天大学、南京师范大学、南京农业大学、中国药科大学),位于上海的有 9 所(分别为复旦大学、同济大学、上海大学、上海交通大学、华东师范大学、东华大学、华东理工大学、上海财经大学、上海外国语大学),位于浙江的有 1 所(浙江大学),位于安徽的有 3 所(分别为中国科学技术大学、合肥工业大学、安徽大学)。江苏、上海的"211 工程"高校数量分别位居全国第二和第三位。长三角地区共有"985 工程"高校 8 所,占全国总数的 20.5%。长三角的这 8 所"985 工程"高校,位于上海的有 4 所(分别为复旦大学、同济大学、上海交通大学、华东师范大学),位于江苏的有 2 所(分别为南京大学、东南大学),位于浙江的有 1 所(浙江大学),位于安徽的有 1 所(中国科学技术大学)。上海拥有的"985 工程"高校数量位居全国第二位。

2017 年 9 月,教育部、财政部、国家发展改革委发布《关于公布世界一流大学和一流学科建设高校及建设学科名单的通知》。[1] 入选一流大学建设序列的共有 42 所高校(A 类高校 36 所),其中 8 所位于长三角地区,占全国总数的 19.0%(8 所均为 A 类高校,占全国总数的 22.2%),分别为上海的复旦大学、同济大学、上海交通大学、华东师范大学(共 4 所),江苏的南京大学、东南大学(共 2 所),浙江的浙江大学(共 1 所),

---

[1] 2019 年 11 月,教育部宣布"211 工程""985 工程"等建设项目已经统筹为"双一流"建设。

以及安徽的中国科学技术大学(共 1 所)。入选一流学科建设序列的高校有 95 所,其中 25 所位于长三角地区,占全国总数的 26.3%,分别为上海的华东理工大学、东华大学、上海海洋大学、上海中医药大学、上海外国语大学、上海财经大学、上海体育学院、上海音乐学院、上海大学(共 9 所),江苏的苏州大学、南京航空航天大学、南京理工大学、中国矿业大学、南京邮电大学、河海大学、江南大学、南京林业大学、南京信息工程大学、南京农业大学、南京中医药大学、中国药科大学、南京师范大学(13 所),浙江的中国美术学院(共 1 所),安徽的安徽大学、合肥工业大学(共 2 所)。由此可见,在"211工程""985 工程"等建设项目被统筹为"双一流"建设之后,长三角地区依然维持了其"名校"的数量优势。

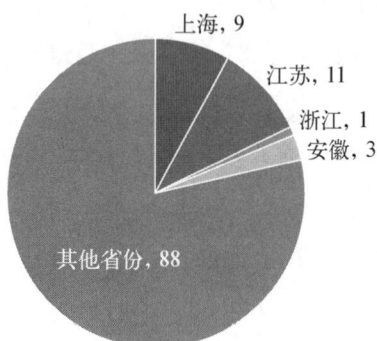

图 7-2 长三角各省市"211 工程"高校数量

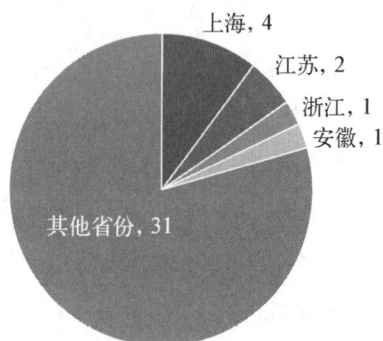

图 7-3 长三角各省市"985 工程"高校数量

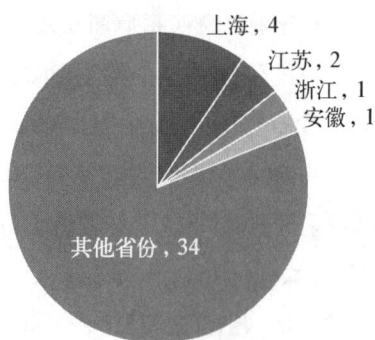

图 7-4 长三角各省市一流高校建设
高校数量(第一批)

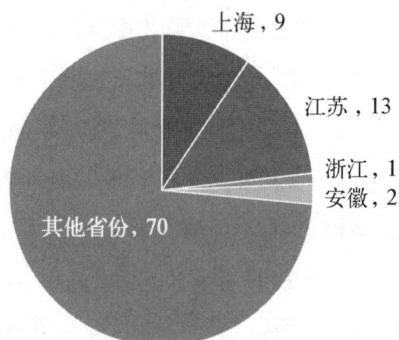

图 7-5 长三角各省市一流学科建设
高校数量(第一批)

由于长三角地区具有的高等教育资源优势,中共中央、国务院和国务院教育行政部门以及长三角地区高校开展了一系列行动以探索地区教育协作。例如,2019 年,浙江大学联合复旦大学、上海交通大学、南京大学和中国科学技术大学组建了长三角研究型大学联盟,2021 年,同济大学联合东南大学、复旦大学、华东师范大学、南京大学、上海交通大学、浙江大学、中国科学技术大学组建了长三角可持续发展大学联盟。又如,2009 年,上海、江苏、浙江三地签署《关于建立长三角教育协作发展会商机制》,规定每年召开一次长三角教育联动发展研讨会(后改名为长三角教育一体化发展会议);2010 年,长三角教育联动发展协调领导小组成立;2012 年,安徽正式加入长三角教育协作体。这些努力和尝试,尽管由于各种因素的影响所取得的成绩并不可观,但仍在某种程度上体现了各省份、各方面开展教育协作的积极性。这种积极性是开展长三角地区高校新教师联合培养的重要依托。

二、上海市新教师岗前培训政策

上海市是全国首个统一举办高校新教师入职培训的地区。上海市教育委员会 2013 年 6 月发布的《上海市关于高校新教师岗前培训的通知》,拉开了该地区乃至全国开展相关工作的序幕。这份文件也推进上海市市属高校新教师的入职培训实现了由各高校自主实施的方式到统一领导、统一方案、统一要求、全市统一培训和学校自主培训相结合的方式的转变。上海市于 2013 年开展的市属高校新教师入职培训,也因此成为上海市教委提升本市高校教师队伍质量的创新举措。上海市该年度的市属高校新教师岗前培训也引起了相关方面政府官员的注意——他们的关注从某种角度上来看,是他们对这项工作支持的反映——时任上海市分管教育工作的副市长翁铁慧出席了 2013 年上海市属高校新教师培训的结业仪式。截至 2022 年,上海市已经开展了 18 期针对高校新教师的集中培训,其培训范围也从 2013 年的 18 所市属高校拓展至 2022 年的 34 所[1],

---

1　2022 年参加上海市属高校新教师岗前培训的高校共有 34 所,分别为上海工程技术大学、上海电力大学、上海应用技术大学、上海第二工业大学、上海立信会计金融学院、上海电机学院、上海政法学院、上海商学院、上海旅游高等专科学校、上海民航职业技术学院、上海城建职业学院、上海交通职业技术学院、上海工艺美术职业学院、上海电子信息职业技术学院、上海行健职业学院、上海农林职业技术学院、上海南湖职业技术学院、上海科学技术职业学院、上海大学、上海理工大学、上海海事大学、上海海洋大学、上海中医药大学、上海师范大学、上海对外经贸大学、华东政法大学、上海体育学院、上海音乐学院、上海戏剧学院、上海交通大学医学院、上海海关学院、上海公安学院。这 34 所高校中,除去上海科学技术职业学院,即为 2021 年参加上海市属高校新教师岗前培训的 33 所高校。

参训新教师达到数万名。

上海市 2013 年发布的《关于高校新教师岗前培训的通知》以国务院 2012 年印发的《关于加强教师队伍建设的意见》和教育部、中央组织部、中央宣传部、国家发展改革委、财政部、人力资源社会保障部 2012 年发布的《关于加强高等学校青年教师队伍建设的意见》为制定依据。这一点突出地反映在上海市该年度培训的培训内容上。《关于加强高等学校青年教师队伍建设的意见》中提出,"各地各校要加强青年教师的教育教学能力培训,建立健全新教师岗前培训制度和每 5 年一周期的全员培训制度"。上海市 2013 年度的培训内容也以教育教学能力为主,根据上海市教委对该年度活动的报道,参与培训的每一位学员需要在导师的指导下完成课程实施大纲、授课教案、教学PPT、学生评估方案的制作并至少讲授一节公开课。[1] 当然,在后续开展的培训中,上海市又增加了思想政治素质培训的内容。[2] 例如,《上海市教育委员会关于组织开展2021 年高校新教师岗前培训工作的通知》要求培训承办高校,"尤其要贯彻落实习近平党建思想,结合中央和本市高校教师队伍建设的相关文件要求以及《高等学校课程思政建设指导纲要》,完善培训实施方案,不断优化课程体系"。[3] 由此可见,上海市自2013 年之后开展的统一培训也凸显了高校教师岗前培训工作的"开放性"。

在培训组织上,上海市的工作安排与国家教育委员会办公厅 1997 年 1 月发布的《高等学校教师岗前培训暂行细则》的相关规定吻合。《高等学校教师岗前培训暂行细则》第 3 条规定,"岗前培训工作由各省(自治区、直辖市)教育行政部门统筹安排。省级教育行政部门所属的高等学校师资(高师)培训中心或本地区有条件的高等学校,具体承担岗前培训的组织管理、培训、考核以及授课教师的配备等任务"。受上海市教育委员会委托,上海市市师资培训中心承担上海市相关工作的整体协调、课程改进和项目评估等工作,而华东师范大学、上海师范大学则负责培训的具体组织。根据《高等学校教师岗前培训暂行细则》第 5 条的规定,"岗前培训以集中授课为主,可采取专题讲

1　参见 http://edu. sh. gov. cn/xwzx_bsxw/20131221/0015-xw_70381. html,2020 年 9 月 20 日访问。
2　不过,直至 2018 年上海市组织的针对高职院校新教师的培训以教育教学能力为主要培训内容。实际上,《上海市教育委员会关于组织开展 2018 上海高职院校新教师岗前培训工作的通知》仍明确培训的开展是为"落实'加强青年教师的教育教学能力培训,建立健全新教师岗前培训制度'"要求。
3　《上海市教育委员会关于组织开展 2022 年高校新教师岗前培训工作的通知》也要求培训承办高校,"贯彻落实习近平总书记关于教育的重要论述,结合国家和本市高校教师队伍建设的相关文件要求,吸纳意见建议,完善培训实施方案,优化课程体系"。

座、典型报告、教学观摩、课堂教学实践或讲评等形式",上海市组织的培训也正是以集中授课为主。当然,除集中培训之外,上海市还要求新教师人事关系所在高校为其制定校本研究方案、为其落实带教导师。[1]

　　培训时间长是上海市市属高校新教师岗前培训的一个显著特点。从上海市教委已经组织开展的18期培训来看,每期培训时长都在3个月左右,这显著高于国家教育委员会办公厅《高等学校教师岗前培训暂行细则》中110学时的规定。实际上,上海市开展的市属高校教师岗前培训要求参加者全脱产参训,并建立了极为严格的考勤制度。例如,上海市《2022年高校新教师岗前培训考勤制度》规定参训学员累计请假不可超过6个半天,每次请假需要由学员以书面形式向所在高校人事处请假,再由所在高校人事处报承训单位并同步签报上海市师资培训中心备案。在这种严格的考勤制度之下,所有参训学员接受的培训时长必然远超过110学时。上海市能够开展持续时间如此之长的全脱产集中培训,主要有以下两方面的因素:其一,上海市教委能够向地方党委、政府争取足够的行政支持(主要是财政支持);其二,上海市教委的这项工作得到了各市属高校的支持。

　　上海市教育委员会的部门预算、决算数据反映了前段所述的两个因素。根据《上海市教育委员会2021年度部门决算》公布的数据,上海市教委2021年度部门总收入高达501.63亿元,其中本年度公共预算财政拨款收入296.99亿元、事业收入87.84亿元、经营收入1.65亿元、其他收入19.07亿元、非财政拨款结余11.53亿元、年初结转和结余84.55亿元。[2] 在这份文件中,还可以发现2021年度参加上海市教委组织的市属高校教师岗前培训的33所高校,除上海民航职业技术学院、上海行健职业学院、上海南湖职业技术学院、上海海关学院、上海公安学院等5所外,其他均为纳入市教委预算名单的高校。[3] 在这种财政结构之下,上海市教委开展此项工作在行政上就

---

[1]　参见《上海市教育委员会关于组织开展2022年高校新教师岗前培训工作的通知》。

[2]　参见《上海市教育委员会2021年度部门决算》。

[3]　分别为上海工程技术大学、上海电力大学、上海应用技术大学、上海第二工业大学、上海立信会计金融学院、上海电机学院、上海政法学院、上海商学院、上海旅游高等专科学校、上海民航职业技术学院、上海城建职业学院、上海交通职业技术学院、上海工艺美术职业学院、上海电子信息职业技术学院、上海行健职业学院、上海农林职业技术学院、上海南湖职业技术学院、上海大学、上海理工大学、上海海事大学、上海海洋大学、上海中医药大学、上海师范大学、上海对外经贸大学、华东政法大学、上海体育学院、上海音乐学院、上海戏剧学院、上海交通大学医学院、上海海关学院、上海公安学院。

具有更高的可操作性。例如,针对纳入市教委预算名单的高校,上海市教委可在经费上将部分培训经费保留至本级,而无须就所需经费的承担进行复杂的行政协调。

在举办时间上,上海市要求新教师应及时参加岗前培训。例如,《上海市教育委员会关于组织开展 2021 年高校新教师岗前培训工作的通知》要求,2020 年 4 月 1 日至 2021 年 3 月 31 日期间新入职的教师一般参加举办于 2021 年 4 月至 6 月的上半年培训(由华东师范大学承办),2020 年 9 月 1 日至 2021 年 8 月 31 日期间入职的教师一般参加举办于 2021 年 10 月至 12 月的下半年培训(由华东师范大学和上海师范大学分别负责承办)。根据这一规定,新进的高校教师一般能在入职一年内参加岗前培训。不过,这一年的《通知》还将参训高校分为应用技术型、应用技能型、学术研究型、应用研究型等 4 种类型。在 2021 年参训的 33 所高校之中,属于应用技术型、应用技能型的高校有上海工程技术大学等 19 所[1],属于学术研究型、应用研究型的有上海大学等 14 所[2]。根据 2021 年的《通知》,应用技术型高校、应用技能型高校新入职的专任教师应参加上半年培训,而学术研究型高校、应用研究型高校新入职的专任教师应参加下半年培训。这就对这些高校教师参加岗前培训的时间产生影响。例如,一位新教师于 2020 年 4 月入职上海大学,那么根据入职时间其应参加上半年培训,而根据所在高校则应参加下半年培训,这就产生了矛盾。这类矛盾的解决往往要依据活动组织的原则,即这位教师参加于 2021 年 10 月至 12 月举办的下半年培训,此时距其入职已接近 18 个月。应该说这是上海市为了保证对高校新教师的"因材施教"而做出的一种权宜,其目的是更针对性地满足高校新教师的培训需求。当然,这种矛盾在 2022 年的《通知》中已经不复存在。[3] 除此之外,上海市在开展高校新教师岗前培训时还注意

1　这 19 所高校为上海工程技术大学、上海电力大学、上海应用技术大学、上海第二工业大学、上海立信会计金融学院、上海电机学院、上海政法学院、上海商学院、上海旅游高等专科学校、上海民航职业技术学院、上海城建职业学院、上海交通职业技术学院、上海工艺美术职业技术学院、上海电子信息职业技术学院、上海行健职业学院、上海农林职业技术学院、上海南湖职业技术学院等。

2　这 14 所高校为上海大学、上海理工大学、上海海事大学、上海海洋大学、上海中医药大学、上海师范大学、上海对外经贸大学、华东政法大学、上海体育学院、上海音乐学院、上海戏剧学院、上海交通大学医学院、上海海关学院、上海公安学院。

3　《上海市教育委员会关于组织开展 2022 年高校新教师岗前培训工作的通知》规定,"上半年参训对象一般为市属公办高校(应用技术型、应用技能型)新入职的专任教师。入职时间为 2021 年 4 月 1 日至 2022 年 3 月 31 日,承担列入高校教务处教学计划课程任务","下半年参训对象一般为市属公办高校(学术研究型、应用研究型)新入职的专任教师。入职时间为 2021 年 9 月 1 日至 2022 年 8 月 31 日,承担列入高校教务处教学计划课程任务"。由此判断,2021 年《通知》中存在的问题已经被"消化"。

经济性原则,即进校前已经具有 1 年以上高校专任教师从教经历的人员无须参加培训。

三、浙江省新教师岗前培训政策

2012 年 12 月发布的《浙江省教育厅关于在全省高等学校全面实施青年教师、助讲培养制度的指导意见》和 2013 年 10 月以及之后历年发布的《浙江省教育厅关于加强和改进全日制高等学校教师资格认定工作的意见》是浙江省开展高校新教师培训培养工作的重要政策文件。其中,后一文件并非具有长期有效性的规范性文件,而是每年发布的文件。这些政策文件勾勒塑造了浙江省开展相关工作的模式。

《浙江省教育厅关于在全省高等学校全面实施青年教师、助讲培养制度的指导意见》依据《浙江省中长期教育改革和发展规划纲要(2010—2020 年)》等文件制定,充分体现了后者提出的"建立健全以师范院校为主体、综合性大学参与、开放灵活的教师教育基地布局结构,加强高校新入职教师适岗培训基地建设"。《浙江省高等教育"十二五"发展规划》又以《国家中长期教育改革和发展规划纲要(2010—2020 年)》以及《浙江省中长期教育改革和发展规划纲要(2010—2020 年)》为制定依据。而《浙江省中长期教育改革和发展规划纲要(2010—2020 年)》又依据《国家中长期教育改革和发展规划纲要(2010—2020 年)》制定。从文件制定的溯源可以发现,浙江省对中央和国家政策的跟进是十分及时的。

根据《浙江省教育厅关于在全省高等学校全面实施青年教师、助讲培养制度的指导意见》,以下三类人员需要参加青年教师助讲培养制度:其一,新聘用到高校从事教学工作(含理论教学和实验、实践教学)的在岗教师;其二,高校教学经历不足 3 年,年龄在 35 周岁以下(含 35 周岁),未接受过助讲培养培训的在岗教师;其三,学校认为有必要安排参加青年教师助讲培养的中青年教师。由于在该文件实施 3 年之后,第二类群体将不复存在,此时浙江省的高校新教师将成为青年教师助讲培养制度最主要的培养对象。从文件的内容可以看出,浙江省青年教师助讲培养制度旨在提升新教师的教学能力,帮助新教师顺利实现教师身份的转变。例如,在"指导教师的条件与职责"部分规定,指导老师要"从教学的各个环节(包括听课、备课、编写教案或讲义、试讲、辅导、答疑、批改作业、实验与实习等)入手,对青年教师进行认真具体的指导"。

《实施意见》明确要全面实施高校青年教师助讲培养制度,而要求各高校每年将教师培训尤其是青年教师培训经费列入学校预算。《指导意见》则就如何开展助教培养制度做出了规定。根据这两个文件,浙江省属高校引进的青年教师一般应在一位校内资深教师的指导下从事一年(优异者可缩短为半年、需继续培养的可延长至一年半或两年)的助讲工作,之后经所在高校考核通过方可获取由所在学校颁发、由浙江省教育厅统一印制的教学上岗资格证书。可见,尽管在培训约束上,浙江省所有省属高校青年教师必须经历一个阶段的助讲培养,但培养考核则由各高校具体负责,而在实践上又由不同的导师负责指导。另外,值得指出的是,为避免助讲培养制度流于形式,浙江省还发布了《浙江省高校教师教育理论培训及上机考试工作的通知》,要求青年教师必须在线完成 600 分钟的视频培训,才可参加浙江省高等学校师资培训中心统一组织的考试。

四、江苏省新教师岗前培训政策

江苏省严格按照《高等学校教师岗前培训暂行细则》制定了该省高校新教师岗前培训工作的相关要求,其主要文件为江苏省教育厅历年发布的《关于认真做好全省高等学校教师岗前培训工作的通知》,文件的发送对象为各高等学校、省高校师培中心和省教师资格认定指导中心。例如,最近发布的相关文件为《省教育厅关于认真做好2022 年全省高等学校教师岗前培训工作的通知》。江苏省教育厅《通知》要求,近年来新补充到高等学校的专任教师(以及辅导员和高等学校拟聘任的医学附属医院临床教学人员)必须参加岗前培训。

根据江苏省教育厅《通知》,培训采取网络培训、校本培训、个人自学相结合的方式进行,其中培训对象参加网络培训的总学时不少于 110 学时。在完成规定学时的学习后,江苏省属高校的新教师,需要参加由江苏省高校师培中心组织统一命题的闭卷考试,只有考试通过者方可获取岗前培训考试合格证,才具有申请高校教师资格、获取职务聘任的资格。在部分年度,江苏还要求新教师在网络培训结束之后,参加由若干培训点组织的 1 到 2 天的集中培训。在培训约束上,江苏省要求所有新教师参加岗前培训,但培训以新教师个人参加网络培训为主、通过考核为主。同时,从江苏省开展新教师岗前培训的情况判断,江苏省相关经费主要涉及网络课程的更新、相关考试的组织等,这些费用应是由江苏省教育厅和其下属的高校师资培训中心承担,并不由各高校直接承担。

根据江苏省教育厅《通知》,培训的内容共 5 门,分别是《习近平总书记教育重要论述讲义》《高校教师职业道德规范》《高等教育政策与法规》《高等教育学》《高等教育心理学》。这与国家教育委员会办公厅 1997 年发布的《高等学校教师岗前培训暂行细则》《高等学校教师岗前培训教学指导纲要》中的规定吻合。尤其是,《高等学校教师岗前培训暂行细则》规定,培训的主要内容为高等教育法规基础知识、高等教育学基础知识、高等教育心理学基础知识、高等学校教师职业道德修养基础知识。同时,江苏省教育厅《通知》规定,培训考试由江苏省高校师培中心根据《高等学校教师岗前培训教学指导纲要》组织统一命题,这也与《高等学校教师岗前培训暂行细则》中的规定一致。由此可见,江苏省对高校新教师培训的要求,几乎是完全遵照了国家教育委员会办公厅 1997 年发布文件的精神。

五、安徽省新教师岗前培训政策

安徽省也对该省新教师岗前培训工作做出了要求,其主要文件为安徽省教育厅发布的《关于做好高校新入职教师岗前培训工作的通知》以及安徽省高等学校师资培训中心发布的相关文件。例如,2022 年的相关文件为安徽省教育厅发布的《安徽省教育厅关于做好 2022 年高校新入职教师岗前培训工作的通知》和安徽省高等学校师资培训中心发布的《关于认真做好 2022 年高校新入职教师岗前培训工作的通知》。相关文件规定,安徽省新补充至高校从事教育教学工作、具有本科及以上学历的转任教师均需要参加培训。岗前培训采取集中网络培训、校本培训和在线选修等形式进行,其中前两项培训全部由或主要由教师所在高校具体负责,在线选修则由省高校师资培训中心负责。

表 7-1　安徽省高校新入职教师岗前培训平时考核指标一览表

考　核　指　标	考　核　权　重
培训出勤率	40%
提交课程实施大纲 1 份	10%
提交授课教案 1 份	10%
提交教学 PPT1 份	10%
试讲专家评价考核成绩	20%
提交教研或科研申报书 1 份	10%

　　根据安徽省相关文件要求,该省新入职教师培训需在由安徽省高校师资培训中心统一组织的结业考试和由各培训单位负责的平时考核中均达到相应的分数方能被认定为合格(合格成绩均为 60 分及以上)。其中,值得注意的是,安徽省制定了《高校新入职教师岗前培训平时考核指标一览表》和《安徽省高校新入职教师岗前培训若干规定》。安徽省新教师岗前培训平时考核指标中包含培训出勤率一项,且这一项占据了相当大的权重,《若干规定》也就考勤做了非常详细的规定,由此可以判断,安徽省属高校开展新教师集中网络培训时,理论上应将本校的新教师组织到一起统一培训,而非仅需新教师自主完成一定课时的网络学习即可。

　　同时,与江苏省的培训情况相似,安徽省的培训内容的集中网络培训也主要包括《高等教育学》《高等教育心理学》《高等学校教师职业道德修养》《高等教育法规概论》《现代教育技术》等课程,参考教材则分别为《教育学》《教师职业道德》《心理学》《教育法规》等。而安徽省高等学校师资培训中心发布的《关于认真做好 2022 年高校新入职教师岗前培训工作的通知》也对此有明确要求。

　　由此可见,安徽省的高校新教师岗前培训政策也在相当程度上参照了国家教育委员会办公厅 1997 年发布的《高等学校教师岗前培训暂行细则》《高等学校教师岗前培训教学指导纲要》等文件。实际上,安徽省新教师岗前培训的结业考试由安徽省高校师资培训中心统一组织,这也与国家教育委员会办公厅的文件精神一致。

六、长三角四地的培训政策比较

从各省市相关文件可以看出,长三角地区的上海、浙江、江苏、安徽等四个省市均已经开始把参加新教师岗前培训工作作为相关群体获取在高校从事教育教学工作的前置要求。但是,在具体实施中,这四个省市则存在非常明显的区别。这些区别主要体现在经费承担、组织形式、考核方式等方面,这些区别会导致新教师培训的硬性约束不同,并会影响高校新教师培训的成效。进而,分析各省市高校新教师岗前培训存在的区别,这也是探究长三角高校新教师联合培养机制的可能性和实施办法的起点。本研究在此处主要关注经费承担、制度水平、培训内容等方面的区别。

(一)经费承担。比较分析长三角四个省市的相关文件,可以发现只有上海采取了由省级教育行政部门设立培训专项经费。具体操作上,每年上海市教委将相关经费划拨给具体承担培训工作的华东师范大学、上海师范大学,由这两所高校将经费用于新教师培训工作。与上海的实施方式相对,浙江、江苏、安徽则主要由教师所在高校承担相当部分的培训工作,由此他们活动实施的情况,就较难开展横向比较,进而对该项活动的监督也会存在困难。相反,上海的相关工作,只需要检查这两个项目即可,而无须前往各高校进行考察。实际上,前者在难度上要远高于后者。从上海的规定来看,完全符合《暂行细则》中所有的规定。

(二)制度水平。从相关工作开展的法律位阶来看。除浙江省外,其他的省市均采取教育行政部门发布《通知》的形式,开展相关工作。这无疑在一定程度上意味着相关工作的开展会具有一定的弹性。例如,在省市财政紧张时甚至省级教育行政部门的负责人对相关工作不够重视时,相关工作会被暂停甚至终止。当然,这种情况因为存在国家教育部的相关规定,并不会完全取消。但是,问题在于,高校也会存在相关或相似的现象,尤其是,高校的校领导对本校相关工作的重视程度,往往要远低于省级教育行政部门(及下属的机构)对相关工作的重视程度。而且,一个学校对该项工作的重视,也需要由省级教育行政部门负责,才能在其他高校推广开来。

(三)培训内容。从培训内容来看,上海市岗前培训的内容最具专业性。因为,上海市委托华东师范大学、上海师范大学组织集中培训,并要求这两所高校"完善培训实施方案,不断优化课程体系,加强培训师资队伍建设"。与此相对,浙江省、江苏省和安徽省缺乏相关的培训内容,主要以在线视频课程为主,且这些课程的内容以高等教育法规基础知识、高等教育学基础知识、高等教育心理学基础知识、高等学校教师职业道德修养基础知识等较为宏观内容为主。同时,尽管浙江省还设立了青年教师助讲培养制度,青年教师的导师在理论上可能为其提供针对性、专业性的培训,但实际情况可能并非如此。因为,不可能各高校为各位新教师配备的导师,都具有较高的教学、科研能力。实际上,更可能的情况是,相当部分新教师得到的培训既不具有专业性,又缺少针对性。因此,培训内容上,上海市提供的内容相对具有更高的专业性。

第八章　长三角高校新教师联合培养探究

如前面的章节所述，我国不同省份对高校新教师岗前培训模式存在的差异，体现了各省份高校教师岗前培训的三种属性的重视度的不同。长三角三省一市普遍重视高校教师岗前培训时效性这一内置属性。浙江、江苏、安徽还突出高校新教师岗前培训的独特性，是我国较早使岗前培训成为取得高校教师资格必要前置条件的省份。而上海则突出其开放性，在培训中融入了教学能力、国家安全等内容，成为我国岗前培训组织开展最扎实的地区之一。上海与浙江、江苏、安徽的培训模式差异，源自它们在行政资源、行政能力、行政意愿这三个相互影响的方面存在的差异。在本章，本研究拟探究资源共享、优势互补、机制共建等措施对长三角高校新教师联合培养机制的作用，并分析长三角高校新教师联合培养的可能广度和深度。

一、有待解决的困难

（一）如何处理省际关系的问题：需要突破基于省级长三角教育合作的利益的本位立场格局

由于行政区域客观存在，在地方财税体制和地方官员政绩考核体制下，为了地方利益最大化，形成了各自为政的利益格局。既得利益格局是一切行政壁垒、制度壁垒合法的天然的根源。对于这样的利益格局，如何能够形成区域发展的共同利益，使各省市之间形成共赢局面，是一个值得思考的问题。

（二）如何处理省际差异的问题：建立基于国家战略的创新政策需要突破长三角教育合作的政策制度差异瓶颈

制度是约束它所适用范围内的主体行为的一系列规则。长三角三省一市在地方立法、政策制定和执行操作上存在着很多差异，这些差异形成了长三角教育合作发展的一定障碍。

这主要体现在对于同一类问题完全不同的做法,体现在办学学制等方面的差异,体现在诸多阻碍区域教育合作发展的体制限制。现在,省际之间尚未有有效支撑教育合作发展的组织机构,尚未有更高层级的实现区域教育合作发展的保障体系。

(三) 如何协调省际冲突的问题:形成共同目标,需要突破分散制定战略规划的区域教育战略制度安排

目前,长三角三省一市都有自己的教育规划,都有把教育事业做大做强的考虑。这些目标和规划,从每一个个体来看,也许都是合理、有序且自成体系的。

但是,如果用长三角发展的一体化目标来衡量,相互的重复或疏漏、矛盾之处便显而易见。从本地发展利益出发,着眼于各省市视野的战略发展规划,不利于区域的长远前景,也阻碍了长三角高校的联动发展。协调省际冲突,需要整体规划,成立超脱各省市的长三角教育规划制定委员会。

(四) 如何分担发展成本的问题:需要突破区域内跨界合作的成本问题,建立统一的基金和经费支付制度

长三角高校新教师联合培养和深层次合作发展,需要解决的一个关键问题就是成本分担问题,在区域内三省一市分别需要承担多少财政经费方面的责任和义务,以及经费如何配置成为一个亟待解决的问题。这需要中央及有关税务财政等部委在制度设计上加以考量,三省一市对于有关的长三角合作项目给予优免,同时分拨出一块财政拨款给长三角区域,还可以考虑建立长三角区域教育拨款委员会,统一配置教育一体化发展经费的使用。

表 8-1　关于长三角高校新教师联合培养目标的问卷情况

选　项	非常严重	比较严重	一般	不太严重	不严重	均值(分)
	填写人次(人)					
1. 避免区域内高校对师资的恶性无序竞争、发挥区域协同效应和协调发展优势	22	18	18	5	0	2.10

续 表

选 项	非常严重	比较严重	一般	不太严重	不严重	均值（分）
	填写人次（人）					
2. 打破高教体制改革的"瓶颈"，把长三角区域打造成为高校教师联合培养改革的引领者和教育治理现代化的先行者	23	26	10	4	0	1.92
3. 建立以高校为主体、以政府推动和社会力量参与为"两翼"的区域高校教师联合培养机制	23	22	12	4	2	2.05
4. 长三角区域高校师资水平进入世界前列，主要发展指标和若干大学、学科达到世界一流大学水平	21	24	14	3	1	2.03
5. 区域内高校教师资源利用效率进一步提升，省际差别逐步缩小	22	19	14	7	1	2.14
6. 长三角高等教育成为驱动区域乃至全国经济发展的新动能，为长江经济带建设以及"一带一路"的实施做出重要贡献	26	22	10	5	0	1.90

通过对问卷调查数据进行分析可以看出，"长三角高等教育成为驱动区域乃至全国经济发展的新动能，为长江经济带建设以及'一带一路'的实施做出重要贡献""打破高教体制改革的'瓶颈'，把长三角区域打造成为高校新教师联合培养改革的引领者和教育治理现代化的先行者""建立以高校为主体、以政府推动和社会力量参与为'两翼'的区域高校新教师联合培养机制"，是长三角高校新教师联合培养要达成的主要目标。

二、需要完成的任务

（一）以完善的组织体系扎实推进省际各对等部门间的会商机制建设

长三角高校新教师联合培养必须依赖强有力的行政力量。正如前文所阐述的，需要建立国务院指导下的、教育部等牵头参与的长三角三省一市教育一体化发展领导小组，并建立相应的省级工作小组。

2009 年 3 月,三省一市教育行政部门主要负责人共同签订了"关于建立长三角教育联动发展会商机制协议书",之后,三省一市的政府、人大、政协多部门之间形成了多种对话机制。这种多方协调、松散的协调机制虽难以解决区域内各地政府各自为政的问题,但通过民主协商的方式,进行合理的制度安排和持续的政策改进,并听取采纳非政府组织等多方意见,对于制定跨越多个行政区的教育决策是必须的过程。

(二) 以建立政府间实质性的教育合作与交流推进区域高校新教师联合培养发展观机制

要以长三角教育一体化发展战略规划引领和指导长三角高校新教师联合培养的省际合作和交流,在合作与交流中推进事业发展的一体化建设。多中心治理机制,既能满足各行政区政府对跨区教育合作发展的需求,又能保证基本行政管理权在各行政区政府辖区内的行使。目前,已经成立的"长三角教育联动发展协调领导小组及其办公室",通过每年定期举办"长三角教育联动发展研讨会"等方式,建立了教育政府高层部门间频繁的互访交流的机制,这些协调机制在区域教育一体化进程中发挥了一定的作用。

但是这些交流依旧停留在非制度化层面,制度化程度低容易导致合作发展流于形式。进一步的发展迫切需要往更深层次、更实质意义推进。一方面,在省级政府磋商基础上直接落实到政策协议层面;另一方面,各地政府出台的政策协议,应摒弃过多的地方保护内容,加强区域合作意向,各项合作活动要以规范的制度协议文本的格式实施,建立实施责任制和追踪问责制,在明确到执行的人财物时间节点等方面加强检查和落实,建立切实有效的、成为具有约束力的制度体系安排。

表 8-2　关于长三角高校新教师联合培养主要任务的问卷情况

选　　项	非常严重	比较严重	一般	不太严重	不严重	均值(分)
	填写人次(人)					
1. 建立区域高等教育资源共享平台,允许教师及科研人才跨省兼职	26	21	14	2	0	1.87

选　　项	非常严重	比较严重	一般	不太严重	不严重	均值（分）
	填写人次（人）					
2. 确定和调整区域内高校教师培养结构，统一规划，正确定位，发挥各自优势，实现错位发展	23	25	12	2	1	1.94
3. 建立现代化的高校内部治理结构，实现人才培养和学术研究新突破	25	18	15	4	1	2.02
4. 创新高校教师培养模式，推进区域高校教师联合培养进程	24	23	13	3	0	1.92
5. 推进长三角高校教师联合培养机制建设进程，增强长三角高校教师培养辐射带动长江经济带和"一带一路"区域高校教师培养的能力	24	24	7	8	0	1.98

通过对问卷调查数据进行分析可以看出，建立区域高等教育资源共享平台，允许教师及科研人才跨省兼职；建立现代化的高校内部治理结构，实现人才培养和学术研究新突破；推进长三角高校新教师联合培养机制建设进程，增强长三角高校教师培养辐射带动长江经济带和"一带一路"区域高校教师培养的能力是长三角区域高校教师联合培养要达成的主要目标。

（三）需要激发来自基层广泛参与的学校、校长、师生等多方利益相关者区域合作的动力

长三角高校新教师联合培养不仅需要顶层设计，也需要基层探索。要发挥教育行业各部门的参与和贡献，包括各级各类学校之间形成交流与合作的伙伴关系，要在实质性的合作中促进一体化发展的体制改革、机制创新和政策制定。

目前长三角三省一市政府教育部门在教育合作发展中已发挥了不少积极作用，促进了区域内教育事业建设方面的合作，但三省一市的合作仍缺少一个能体现互利互惠的驱动机制，这种互惠机制并非集中在机关事业单位（政府和学校），而是应该挖掘更大的、更广泛的在社会领域中的合作。

与此同时,更大范围内的包括家长、民众、社会组织等利益相关者的参与途径尚未打通,一个各界共同支持、关心、参与的推进氛围和大环境还未建成。从源头上来看,主要是缺少能准确反映需求并达成利益交换的资源共享与合作交流保障的机制,这在一定程度上也制约了三省一市教育合作的实质性推进。唯有通过多方面的利益调动才能够更好地推进长三角教育合作事业,这一点与经济合作发展类似,有了共同的利益,就能够调动更多利益相关者参与其中,发动群众智慧,促进长三角教育合作的发展。

三、当前面临的挑战

(一) 省际及区域内社会经济发展的不平衡问题

以上海为中心的长三角地区被认为是全球知名的城市群,也是中国目前经济实力最强的区域,但是在城市群内部的经济发展并不平衡,从上海到安徽、从上海浦东到安徽阜阳,从浙江杭州到江苏宿迁,城市群内部的经济发展不平衡非常显著,倒不是要求城市发展状况要亦步亦趋,但是这种发展不平衡的状况导致各层级教育合作发展的深入程度受到了相当程度的影响。

考虑到我国的教育体制,基础教育投资由地方财政负责,高等教育则分级管理,划分为中央部委所属高校和地方政府下属的高校。三省一市数十个地市行政区上百个县区级行政区的社会经济发展不均衡(这种不均衡是客观存在的现实现象,并且这种现象会长期存在下去),由于税基不同,税收规模也不同,教育事业能够分配得到的财政资源规模也各不相同,这种状况造成了不同地区对教育的不同投入有差距,并且这种属地财政投入的体制直接影响了各自地区的教育事业发展水平。

从这个角度而言,尽管这种经济社会发展不均衡的状态造成了教育事业之间的差距,但是正因为在发展水平上有差距,这种差距也构成了区域教育合作的必要性。通过双方对彼此优势劣势的合作转化,既可以强强联手,也可以强弱协作。在属地财政投入和中央政府财政转移支付以外,还有在省际之间实施专项对口的教育支援活动。双方通过强弱互补和强强合作的方式互利互惠,在良好的利益协调机制的指引下互惠互利。

与教育合作相比,区域合作在基础设施建设和市场经济准入等方面更加深入,也获得了从政府到企业的追求,区域教育合作也应当从这方面获取经验,最重要的一点是让多方合作能够互惠互利,这样才能够推动多方合作机制中有活水流动。以政府为主导,以学校为主体,在多方社会力量共同努力下推动长三角教育合作登上新台阶。

(二) 长三角教育一体化滞后于长三角经济发展一体化规划与区域社会发展不同步的问题

自 1997 年第一次开展长三角经济协调会以来,长三角三省一市的经济产业发展联动性不断强化,三省一市促进长三角地区生产要素优化配置,产业结构转型升级,通过签订协议和执行框架落实责任主体,在规划协调等方面进行了全方位、多形式和宽领域的合作。

长三角区域一体化发展促进了长三角地区的经济发展,区域一体化对长三角地区教育的发展提出了更广泛的需求。但是,围绕中等职业教育到高层次人才培养等多层次人才培养中,无序化的冲突居多,合作偏少,各地区利益冲突导致了教育规划难以实现良性互动。

三省一市的教育规划基本是从自身发展的角度出发,将对其他三省市的教育合作作为一项附加事务,考虑到区域行政壁垒的原因,这种立足本地实际而将对外交流视作第一位的做法是可以理解的。但为了进一步提升区域教育合作水平,有必要将这种教育规划转向为面向区域教育合作的教育规划,这种教育规划可以是跨区域的,在中央政府主持下进行规划,将彼此的教育规划放置在教育合作发展的大框架下,按照统一的工作步骤将数据列出来,让彼此知晓对方的教育发展状况,在规划过程中可以查看在哪些领域可以寻求合作。未来这种将提升教育合作发展重要性的做法可以将合作更好地嵌入到三省一市教育发展规划的基础上,形成长三角教育一体化发展规划,同时在各省市教育规划要与一体化规划对接。这种规划工作让多方站在区域社会发展的整体视角来规划教育合作发展大局,但是这种教育规划的做法并不排斥各省市站在自己的立场上规划教育发展事务,只是要求双方能够在规划教育发展的同时更能够考虑区域发展大局。

四、各方对长三角高校新教师联合培养的需求

长三角高校新教师联合培养需要制度创新、差异化合作,调研获得的政策需求主要包括三个方面:第一,围绕长三角产业发展对人才和科技支撑的需求;第二,围绕长三角面临的体制机制约束,需要突破制度壁垒,需要各级党委、政府各部门和全社会共同推动;第三,围绕长三角区域内各高校,如何搭建多种资源共享平台,实现区域高校教师联合培养。

(一) 长三角产业发展急需高校提供人才和科技支撑

1. 学科布局调整滞后于产业发展需求,新兴(交叉)学科的研制需要动态化

产业不断升级,对高层次人才需求越来越强烈。例如人工智能在机器人、经济政治决策、控制系统、仿真系统等领域将得到越来越广泛的应用,对相关人才的需求量巨大,但是与人工智能最密切相关的学科布局与调整严重滞后。因而,教育部需要加强对长三角的顶层设计,加强对经济社会发展过程中人才市场需求的预测,实现服务产业创新升级,研究新兴(交叉)学科的设置,制定人工智能、脑科学等相关重点领域人才开发目录,整合优势学科、错位发展,动态调整高校学科布局。

2. 产学研协同联动的合作壁垒需要突破

产学研合作中仍然存在投入与收益、权力与责任、评价与激励、模式与风险等诸多壁垒。在调研高校的产学研合作与技术转化中,大多数的技术研发来自高校教师,而经费投入来自政府,最终专利属于高校。高校教师往往获益较低,挫伤了教师参与研发的积极性。企业参与不够,技术研发单靠高校科研经费支撑,风险较大、往往科研成果价值不高、创新性不够、与产业发展需求的契合度有待提高。校企合作中存在校企联合培养高端紧缺人才的双聘导师制、可行性及考核评聘管理等问题。

(二) 长三角高校新教师联合培养需要打破体制机制的障碍和区域协同的壁垒

1. 高校管理需要"分类指导",评价方法需要多元化

在国家层面上,需要根据长三角不同类型高校实际,对东中西部实行分类指导,建

立高校分类考核指标体系,制定分类考核办法。分类配置资源,引导高校合理确定办学定位,发挥分类评价结果的导向作用。

2. 高校学科评估需要科学化与灵活度相结合

当前对高校学科评估过于关注论文、纵向项目和基金、学科发展规模,对科研成果服务地方经济发展、服务社会需求等方面的重视程度不足。在目前国家"双一流"建设实施方案和配套政策还未进一步推进的情况下,高校对于下一轮的学科评估存在一定程度上的"恐慌"心理,大家普遍期待摒弃以论文论英雄的价值取向,通过融合评估的事实判断与价值判断,构建科学的学科评估体系。

3. 高校的师资管理需要更加灵活,教师分类管理评价需要更加合理化

通过调研发现高校教师管理与评价"五唯"的现象仍然比较普遍,需要有更加灵活、合理的教师分类管理评价体系,研究高校绩效工资额度的整体分配原则、分配方式、分配办法,以及动态调整与考核机制。同时,调研高校目前普遍存在新兴研究机构教师的岗位设置和选聘问题,需要通过顶层设计,将高校普遍关注的师资配备问题纳入教师政策的改革,如探讨各高校教师互聘、共聘急需专业教师的可能性。

(三) 长三角高校新教师联合培养需要区域内各高校搭建多种资源共享平台

1. 高校人才培养模式与目标存在脱节现象

以论文作为毕业考核标准束缚了很多学生的创造力。在目前鼓励"创新创业"的背景下,如果学生参与科研、企业的各种创新活动不能被涵盖进来,将打击学生"创新创业"的热情。尤其是专业硕士、专业博士的毕业考核不应过于强调论文,这与其人才培养定位相悖,需要让专业硕士参与到产业的创新发展中去。

2. 高校学分互认需要加快步伐

长三角学分互认的资源共享机制与公共平台还不够完善,精品课程和特色专业课程也相对欠缺。另外,学分互认的学校对接受认定的学生要做出管理、教学计划等一系列安排,还要确保他们的安全,这些额外的工作并没有额外的经费支撑,所以不少高校对组织学生跨校选课积极性不高。需要进一步探索加快长江经济带高校联盟,尤其在同行业高校之间的学分互认、选课、暑期项目资助,培养交叉学科学生。

3. 高校人才流动需要有序与共享

人才是"双一流"大学和学科建设的核心,也是高校面临的最大短板。目前各地竞相出台的"挖人"政策,加剧了人才无序流动。因而,实现人才的有序、合理流动是各地高校的普遍需求。但是人才的有序、合理流动没有清晰的界定,除了依靠高校自律,还期待教育部联合各部门在国家的层面上从需求侧创新长江经济带供给方式,建立人才流动损益补偿机制。同时,缺乏统一开放的教育人事管理体制,人才流动也存在着人才信息共享、成果共享、评价体系互认的问题。

4. 需要探索建立跨区高水平科研共享平台

长三角高校新教师联合培养还需要依托长江经济带各省国家科研中心、各自的优势学科,创新体制机制,围绕国家重大需求、战略性新兴产业组建试点,设立重大仪器设备共享平台、跨区域集中攻关与联合研究院、联合实验室,打破行政壁垒,采用专职、兼职聘用等方式吸纳三省一市人员参与,借鉴实施"学科合伙人制度",在资金支持、成果分享等方面做出制度化安排。

5. 高校智库亟需整合

智库类型庞杂、研究水平参差不齐,重复性研究较多。这既浪费社会资源,又不利于智库整体研究水平的提升。长江经济带的智库如何形成有序的分工合作,发挥各自特色与优势,以产出更高质量的智库研究成果,需要整合高校智库的资源,加强特色专业智库建设,逐步确立体系完善、分类完整、布局合理、与学科形成良性互动的智库建设体系,针对长江经济带的发展需求进行专题研究。

第九章　长三角高校新教师联合培养推进路径

高等教育作为科技第一生产力与人才第一资源的重要结合点,要围绕科教融合这条主线,坚持科技、教育、经济相互结合,大力推动科技创新、机制创新与管理创新,实现高校科研和人才培养向需求导向转变、创新组织管理向流动开放协同的机制转变、创新要素与资源向汇聚和融合的方向转变,通过教师培养培训机制改革切实提升高校教师的综合素质与能力,提高高等教育的创新能力、支撑高等教育质量提升的能力、服务经济社会发展的能力。

一、强化长三角区域高校教师联合培养政策执行

美国政策学者艾利森(G. Alison)曾指出:"在实现政策目标的过程中,方案确定的作用只占10%,其余的90%则取决于政策执行。"而影响政策有效执行的一个关键因素就是政策工具的恰当选择与运用,英国政策学者胡德(C. Hood)甚至指出:"政策执行就是政策工具选择的管理过程。""水平型"命令性工具缺乏执行保障,"下位工具协同不足""能力建设工具处于组织与平台搭建阶段,制度机制建设滞后""激励工具缺位""自愿性工具尚未激活""系统变革工具缺失"是目前长三角区域高校教师联合培养政策执行过程中政策工具选择与运用的总体特征。未来应当优化政策工具内部结构,加强不同政策工具之间的协同运用,力求最大限度地发挥多元工具组合的整体效能。

(一)提供政策执行保障

命令性工具中需要在应用规划、政府间协定工具的基础上,加强法律、监督、检查、标准、评估等工具的协同应用。规划是保证区域教育协作能够启动并得到实质性推进的最重要、最基本的依据和保障,虽然目前国家正式发布了《长江三角洲区域一体化发

展规划纲要》,但具体到教育领域,尚缺乏像《京津冀协同发展教育专项规划》类似的专项规划。"几个行政区若为了一个共同目的而采取联合行动,这就有一个如何步调一致的问题。"

长三角区域需抓住 2020 年三省一市着手制定十四五教育事业发展规划的时机,将"协同发展"作为重要内容整体部署。长三角区域高校教师联合培养也亟待制定整体的专项规划,首先,应深入分析长三角区域高等教育的优势和机遇、弱势和挑战,其次,应充分考虑三省一市之间的高等教育发展差距和差异,在此基础上规划未来区域高等教育发展。规划要凸显方向性、统一性、整体性,要明确高校教师联合培养的目标、主要任务、责任主体、基本原则以及实施周期、资源配置、绩效考核等内容。再次,长三角各省市高等教育发展规划应与区域高校教师联合培养专项规划相对接,增强政策的协同性,以协同高效的发展规划共同促进区域高等教育的协同发展,与《长三角区域高校教师联合培养专项规划》相配套,需出台《长三角区域高校教师联合培养专项规划实施细则》,每一项工作任务都要落实到责任单位。另外,应有机地协调和统筹与《长三角区域高校教师联合培养专项规划》相关的其他部门政策的配合、协调与认可,进而更好地发挥协同效应。最后,政策要有一定的弹性空间,具有更多的灵活性和可操作性,赋予执行者、实践者更多自主权。长三角区域高校教师联合培养进程中政府间协定工具应用较多,签署了大量行政协议,"契约式"方式的推进需要法律工具的保障,四地人大及政府应构建区域法制协调机制,协同制定《长三角区域高校教师联合培养实施办法》及适应本地情况的具体条例和细则,明确区域行政协议的法律地位与法律效力,增强协议的权威性、约束力与稳定性,并建立评估后协议定期清查制度。

为了使已制定的政策得到切实执行,在规划、协议施行的同时,要辅以监督、检查、标准、评估等工具,实现多种工具的真正"协同",为政策执行提供保障,强化问责,确保政策刚性。同时,在高等教育产学研协同发展中,高校与其他机构的冲突亟需《知识产权法》的规制。加强机构设置和政府能力建构能为区域高校教师联合培养提供组织保障。为了在更高层面推动长三角区域高校教师联合培养,从区域层面统筹规划教育领域的整体协作,建议在国务院领导和教育部牵头下,设立长三角区域高校教师联合培养领导小组,并建立教育部主管领导与苏浙沪皖三省一市主管教育的副省(市)长例会制度,邀请科技、人社、财政等相关部门领导参加例会制度化,进一步建立和完善决策机制。在领导小组下,成立由教育部和三省一市教育部门相关负责人组成的"长三角高校教师联合培养协调委员会",建立高等教育主管部门协调工作机制,定期召开联席会议,建立合作交流机制,充分发挥协调功能。

长三角高校教师联合培养协调委员会下设专项工作小组,建立和完善执行机制,落实推进长三角区域高校教师联合培养各个领域的各项议题或工作内容,具体的还可根据"高校招生考试改革""人才培养合作与交流""合作办学与学科协同""优质资源共建共享""高校毕业生就业"等不同领域分设相应的工作小组。在高校层面,建立一个专门的办公室通过专门的渠道联结区域内的高校资源,密切与科技、产业、劳动力市场的合作,系统推进区域高校教师联合培养。

此外,在公共财政支出工具的应用上,三省一市教育行政部门需争取更多的政策支持,以保证财政支持的长效性,改善依托课题和项目的临时性拨款的现状。一方面,可以由中央联合三省一市共同出资组建长三角区域高校教师联合培养基金会,为区域高校教师联合培养提供长期稳定的资助与支持;另一方面,由于经济发展、产业、科技、劳动力市场都从高校获取帮助它们达成目标的资源,反之也可以激发它们反哺高校的积极性,激活市场活力,吸收民间资本。

表9-1　关于推进长三角区域高校教师联合培养行动举措的问卷情况

选　项	非常严重	比较严重	一般	不太严重	不严重	均值（分）
	填写人次（人）					
1. 国家设立长三角区域高校教师联合培养发展实验区：允许长三角地区先行先试,先破后立	27	24	9	3	0	1.81
2. 改革区域高等教育财政体制：尝试设立长三角高校教师联合培养拨款委员会	23	25	11	3	1	1.95
3. 扩大高校教师培养办学主体：鼓励海内外合法社会力量独立举办高等教育	18	23	17	5	0	2.14
4. 减少政府对高校的"行政干预"：探索新型政校关系	24	18	16	5	0	2.03

通过对问卷调查数据进行分析可以看出,国家设立长三角区域高校教师联合培养发展实验区：允许长三角地区先行先试,先破后立;减少政府对高校的"行政干预",探索新型政校关系等是推进长三角区域高校教师联合的重要行动举措。

(二) 夯实政策执行能力

协同发展建立在跨行政区域基础之上,必须在"不破行政隶属"的基础上形成共同的内在机制,并在保证共同利益的基础上探索制定具有约束力的共同政策规范,实现"打破行政边界"的协调与统筹,还需要加强能力建设工具的应用,加强体制机制创新与制度建设。

1. 建立长三角区域高校教师联合培养协调管理机制

为了进一步突破区域高校教师联合培养面临的制度障碍和突出问题,亟需对现有的协调管理机制进行制度创新,实现政府对高等教育管理体制的转变,需要从以往的地方各自管理向区域统筹管理转变,从"一元化主体"管理转向"多元主体参与"的现代教育治理,创新"不破行政隶属,打破行政边界"的区域高等高校教师联合培养管理机制。探索政府、高校、科研院所和社会的关系,打破高等教育与经济社会发展、科技创新的藩篱,探索新型的多元化管理机制。区域高校教师联合培养政策,不单单是一个单纯的教育政策,它还涉及产业政策、人才政策、科技政策、劳动力市场政策等一系列政策的制定和执行,为确保教育政策执行的效果,要尽量做到使区域高校教师联合培养政策所涉及的相关领域如人口、科技、产业、经济、劳动力市场等与其要落实的社会关系结构相匹配,采取"关系同构"的教育治理模式,使得教育政策与相关政策"关系同构",相互支持,建立教育部门与其他部门之间的沟通机制,促使教育、产业、科技和财政等各部门更加"协同",确立推进长三角区域高等教育协同发展的多部门协调机制,协调发展战略、发展项目和资源配置的决策。

2. 创建长三角区域高校教师联合培养运行与保障机制

长三角区域三省一市要率先以协同机制创新突破体制性壁垒,主动推进区域高校教师联合培养运行与保障机制建设,要建立包括教育部等中央部门(单位)、长三角三省一市的区域高校教师联合培养协调机制,使不受地方领导的部属高校更好地参与协同发展,要构建完善的宏观决策机制、统一协调机制以及执行落实机制,搭建信息、资源共享的协同交流平台,在具体运行机制方面,要在高校布局与学科专业设置、资源共建共享、人才培养合作与交流以及毕业生就业等方面构建协同网络体系。具体地,在高校布局上,一方面,推进高校跨省市合作办学,区域内跨省高校分校开设或者双方合作办新校,进一步构建和完善政府间的联合管理机制,探索"共建、共管"高校在本区域内的合作办学。另一方面,积极探索长三角区域化中外合作办学新机制,突破原有一省或一市与国际知名高校合作办学的模式,推进长三角区域整体对接,创新合作多地办学或一处办学区域内招生模式,建立新型区域化中外合作办学的管理体制,扩大国际合作教育在区域范围内的辐射效应。在学科专业设置方面,结合经济社会发展需求、产业布局以及各省市高等教育发展传统和比较优势进行调整和优化,建立优势互补的人才培养格局,同时也鼓励高校优势学科专业之间跨界协作。

在资源共建共享方面,建立资源共享开放平台和信息库,实现大型仪器设备、师资、信息等资源的共享,打造长三角联合培养基地,深化长三角高校联盟建设。在高考招生方面,在一定程度上增加区域内高校长三角招生指标,实现部分高校招生指标等共享,进一步考虑相对一致的招生录取方式,探索统一高考成绩,招生综合测评成绩和高中阶段综合评价结果按照一定权重合成综合成绩录取。在高校学生互换交流方面,拓展"长三角高校交换生计划"名额,实施跨区域课程共享计划,推进课程互选和学分互认;在教师交流方面,推行学术休假,实施"长三角高校教师访学计划",创新"免签"制度;在毕业生就业方面,建立毕业生一体化就业网络。此外,在科研攻关方面,推进"区域高水平大学协作交流"机制,组织跨学科、跨高校、跨区域联合攻关,进一步探索建立重大科研项目协同创新的合作平台;在科研成果转化方面,促进政府、高校、企业协同,加快研究成果的落地转化;在文化交流方面,探索高校互动机制,促进更多的高校文化和改革的交流,相互借鉴有益经验。

信息作为一种能力建设工具,搭建优质资源共享平台,建立长三角高等教育数据库,至少应包括教师和学生数据、产学研资源信息以及协同发展项目信息,通过运用大数据等信息化手段实现长三角高等教育资源的共享与整合,发挥信息的媒介价值,使高等教育资源在更大的空间范围内得到充分的利用。如进一步加强学分银行建设,将全日制高等教育纳入学分互认的范围,全日制高等教育可以将学分银行作为区域内高校建立学生校际流动和培养互认机制、区域内课程互选和学分互认机制的重要载体。

欧洲高等教育领域流动与合作获得很大成功的重要前提之一在于欧洲不同国家以及不同院校间的高等教育质量差异相对较小。因此,为了取得更好的成效,应加强能力建设与标准工具的协同,缩小长三角不同地区高等教育质量差异,夯实协同发展的基础。

表9-2 关于推进长三角区域高校教师联合培养主要路径的问卷情况

选　　项	非常严重	比较严重	一般	不太严重	不严重	均值(分)
	填写人次(人)					
1. 以政府为主体,区域为单位,建立具有整体冲击力的高校教师联合培养机制	26	21	12	3	1	1.92
2. 以中央政府为主导,项目为载体,建立自上而下的区域高校教师联合培养协调和管理机构	23	24	12	4	0	1.95
3. 以社会力量为主导,政府为协助,建立区域第三方评估机构及高校教师联合培养基金组织	13	20	20	9	1	2.44
4. 以高校为主体,政府授权为辅助,鼓励高校自主探索教师联合培养新机制	22	18	16	5	2	2.16

通过对问卷调查数据进行分析可以看出,以政府为主体,区域为单位,建立具有整体冲击力的高校教师联合培养机制;以中央政府为主导,项目为载体,建立自上而下的区域高校教师联合培养协调和管理机构等是保障长三角区域高校教师联合培养的重要举措。

(三) 激发系统变革活力

在协同理论看来,在没有开展协同之前,三省一市高等教育子系统是相对独立的系统,具有相对清晰的边界,但是,当这些子系统围绕共同目标构成有机整体即长三角区域高等教育系统,各个子系统就成为区域总系统的构成要素。在区域系统的框架下,子系统之间的边界应当是相互开放的,要积极参考借鉴世界高等教育发展国家及地区的相关经验,推动系统要素的调整与更新,创造性地探索"不破行政隶属,打破行政边界"的体制机制创新,突破以省级单位行政区划的刚性约束,确立跨域治理的新思维,破除行政区划对教育资源、人才、科技等要素流动的分割,推动对内功能互补,对外开放合作。探索高等教育为经济社会、产业发展及科技创新提供有效支撑的机制。

具体来说,可以依托区域高校教师联合培养创新行动激发系统变革活力,如区域高等教育发展共同体。根据人类命运共同体理论,在全球化背景下的区域发展竞争中,每一个区域都构成了一个命运共同体,基于共同目的或利益,必须联合在一起协同发展才能应对各种挑战,提升整体竞争力。长三角区域高等教育不仅面临日趋激烈的国际竞争,也肩负着打造亚太地区教育高地,服务国家发展大局的历史使命。因此,长三角在推进区域高等教育发展时,不仅要强调地理相近因素,更要在人类命运共同体理念下,在价值层面强调长三角是一个命运共同体,休戚相关,紧紧围绕区域高等教育发展的内在逻辑,梳理共同的目标、需求和利益,明确长三角区域高等教育的共同价值取向,以区域作为高等教育整体协同发展的高地,以教育发展、人才培养的大局观引导正确的政绩观、科研观和学术观,着眼服务于长三角一体化发展的国家战略长远的教育发展和人才培养。

进一步地说,长三角地区应当超越地理界限,以共同利益、共同责任为核心,在尊重和平等的基础上努力推动区域高等教育发展共同体的构建,构筑以满足社会、经济、文化发展需要,实现共同目的和利益而联合在一起的有机统一体,通过体制机制创新和治理结构变革,推动三省一市在高等教育领域的优势互补、特色发展、合作共赢,并具有共同性、互动性、包容性、协调性等特征。重视高等教育与经济社会的全面协调,使高等教育与经济社会发展你中有我,我中有你,学科专业与行业产业的区域适配需要特别强化,综合区位优势与高等教育资源优势,加强互动,坚持合作共赢,以联系的眼光看待彼此间的关系,催生新的发展动力。

(四) 创新激励约束机制

长三角区域高校教师联合培养具有全局性和整体性,但由于长三角三省一市各自有一个利益机制,拥有的高等教育资源又存在较大的差异,在激励工具的设计和选择中,既要紧扣长三角区域高校教师联合培养的整体目标和价值取向,又要与四地参与区域高校教师联合培养的动机和需求相契合,关照国家共同利益和三省一市特殊利益,应用激励约束相容机制,建立利益协调机制以及共同提升机制,扩大竞争机制的区间,从省市到长三角区域:要完善区域综合绩效评价与政绩考核的激励机制,一方面通过从内部激发行动者的积极性,另一方面从外部给政策执行者以压力,诱导人们积极地采取实现政策目标的行动,旨在解决长三角区域高校教师联合培养激励约束不对称问题。同时围绕教育均衡、教育质量、教育开放等维度设置考核指标,如考核实验室对外的开放度,要看它为别人提供了多少服务,这些服务产生了什么效果。

此外,可以采用"社会声誉"工具,设置以激励为目的的资助项目,对政策执行效果好的省市、部门或高校予以表彰和奖励。适度地下放权力,给予地方政府及高校更多的政策空间和更广泛的自主权,激发地方政府和高校的积极性和主观能动性。

二、打造新型长三角高等教育治理格局

(一)完善督导评价体系

对于提高政策制定的质量,纠正政策执行过程中的偏差,提高政策成效而言,教育督导评估具有重要的作用。然而,对于目前仍处于探索阶段的长三角区域高校教师联合培养政策而言,督导评价体系尚未构建,因此,积极探寻出符合长三角区域高校教师联合培养政策自身特性的督导评价体系显得尤为重要。

1. 完善分级联动、内外结合的督导评估机制

高等教育督导评估是我国高等教育质量保障体系的重要一环,在教育治理和教育发展中发挥着规范监督和诊断指导功能。"督导"和"评估"呈现出不同的职能导向,督导主要承担对政府管理部门国家方针、政策导向的遵循以及教育政策执行基本规范的监督,评估侧重于高等教育实际工作情况的诊断。为了更好地推进长三角区域高校教师联合培养,首先,教育部高等教育教学评估中心和学位与研究生教育发展中心作为国家层面组织高等教育督导评估工作的主要机构,应会同长三角三省一市人民政府教育督导室共同制定督导评估机制。国家层面的高等教育督导评估机构应当对教育部发布的相关政策的执行情况进行监督,开展部属高校参与区域高校教师联合培养项目专项督导;三省一市人民政府教育督导室对地区、区域层面联合发布的相关政策的执

行情况进行监督,开展省(市)属高校参与区域高校教师联合培养项目专项督导。在"管办评分离"改革理念的指导下,政府应当转变长期以来担任评估主体的现状,让渡部分权力给第三方评估机构,并制定分类评估体系,对不同类型的高校及不同的学科专业制定差异化的评估方案。总体上形成国家、区域分级联动,政府和第三方机构内外结合的督导评估机制。从以往的实际情况来看,在长三角区域高校教师联合培养政策实施过程中,三省一市教育行政部门依托"长三角教育协作发展会商机制"和一年一度的教育合作发展研讨会(后陆续更名为"教育协作会议""教育协作发展会议""教育一体化发展会议"),重点对往年的具体协同项目开展评估,包括长三角高校交换生计划、长三角研究生教育创新计划等,这种零散的、非持续性的评估没有形成完善的体系,评估结果并没有对决策部门和执行部门形成有效的约束与激励。为改善以上情况,应当在督导评估机制完善的基础上,推进区域高校教师联合培养监测平台建设,打破区域数据采集的壁垒,建立区域数据采集的统一标准,持续全面地收集各方信息,注重不同领域、不同部门数据的对接,定期发布监测报告。重视评估结果的应用,对长三角区域高校教师联合培养政策的落实情况应纳入相关部门考核的指标体系,并制定《长三角区域高校教师联合培养政策评估办法》,对政策的执行形成约束和激励,对如何激励正向溢出效应的行动做出规定。

2. 构建协同发展的评价体系

长三角区域高校教师联合培养的目标是资源共享畅通,整体布局优化,整体水平提升,而该目标的实现需要经历一个长期的过程,对长三角区域高校教师联合培养水平的评价能够为协同发展方向调整和路径选择提供客观依据。

(1)评价指标体系的构建原则

对长三角区域高校教师联合培养水平进行评价,要求所选指标必须能客观、综合地反映长三角区域高等教育发展的协同性,在构建长三角区域高校教师联合培养评价指标体系时必须遵循以下两条原则。

① 科学性和系统性原则

一方面,指标体系的构建要以长三角区域高校教师联合培养的现实情况为基础,所选择的指标必须能够客观、综合地反映长三角区域高校教师联合培养的内容及特征,评价指标的内涵必须界定明确。另一方面,区域高等教育是一个复杂的系统,因此指标体系的构建既要考虑到区域高校教师联合培养多视角的特征,又要考虑到区域高等教育系统内部各子系统之间的相互关系,以形成既相互独立,又相互联系,互为补充、彼此依存的指标体系。

② 可获得性和可比性原则

一方面,评价指标的设置力求全面、详尽,应具有代表性且考虑数据的可获得性,指标值必须能够进行测量。另一方面,指标的统计口径、统计结构、计算方法在横向和纵向上要具有可比性,以便指标体系能够在不同阶段和不同地区之间进行比较分析。

(2) 评价指标体系的构建

根据长三角区域高校教师联合培养的内涵,对长三角区域高校教师联合培养水平的评价主要考量区域高等教育发展的协同性。在构建评价区域高校教师联合培养水平的指标体系时,要同时兼顾区域高等教育的差异性、互补性和开放性。具体来说,在借鉴已有研究成果和总结专家访谈的基础上,可以教育现代化指标体系为指引,从教育均衡、教育质量、教育开放等维度,设置学分转化与认定、师生流动、课程开放、资源共享、科研合作等指标,以系统反映长三角区域高校教师联合培养的目标和内涵。

表9-3　关于推进长三角区域高校教师联合培养机制创新的问卷情况

选　项	绝对优先	适度优先	正常	适度放缓	置后	均值(分)
	填写人次(人)					
1. 一体化规划区域内高校教师联合培养目标和功能定位	17	29	13	3	1	2.08
2. 实现区域高校顶级人才聘用管理一体化	9	36	14	4	0	2.21
3. 实现区域高校教师联合培养机构布局一体化	12	27	17	7	0	2.30
4. 构建区域职业教育、成人与网络教育资源的共建共享机制	15	26	16	6	0	2.21
5. 联合开拓国际教育服务市场和资源	12	27	16	6	2	2.35
6. 建设区域高校教师联合培养经费投入联合拨款机制	15	32	9	5	2	2.16

通过对问卷调查数据进行分析可以看出，一体化规划区域内高校教师联合培养目标和功能定位；构建区域职业教育、成人与网络教育资源的共建共享机制；建设区域高校教师联合培养经费投入联合拨款机制等是推进长三角区域高校教师联合培养机制创新的重要内容。

（二）加强信息舆论引导

长三角区域高校教师联合培养进程涉及各种各样的利益相关者，大多在高等教育部门之内，而有些则代表其他部门和群体，它们都有着自己的目标和预期结果。而制度要想真正实现其功能，完善的制度被大多数社会成员所认同与遵守以及制度得以顺利实施是充分条件和必要条件。为了凝聚共识、增进认同，应大力加强信息舆论引导。

一是增进文化认同。"我们的观念、价值、行动甚至我们的感情，都是文化的产物。"长三角三省一市有不同的地域文化和人文精神，上海体现了"海派文化"，江苏秉承了"吴文化""淮扬文化"等传统，浙江继承了"越文化"的精髓，安徽则孕育了"徽文化"，个性之外，长三角区域拥有同根同源的江南文化，这是长三角区域高校教师联合培养的文化基础。此外，长三角四地的教育文化氛围都十分浓厚，在某种程度上也有着很大的一致性，这些都应该充分加以利用。文化传承创新是高等教育的基本职能之一，高校理应成为区域文化的倡导者，使江南文化成为长三角区域社会所有成员共同接受和共享的共识文化，促进长三角共识的建立，增强区域凝聚力，为长三角区域一体化厚植文化根基，同时也为长三角区域高校教师联合培养营造良好的文化氛围。

二是营造良好的舆论导向。其一，营造良好的评价导向。在建设世界一流大学和参与全球高等教育竞争中，我国高校都热衷于追求在国际高等教育排行榜中的排名，以国际经验来看，世界一流高校大多是服务区域经济社会发展的典范，高校追求一流大学建设和提升国际竞争力与高校区域角色的重视并不冲突。诚然，排行榜中的名次是反映一个国家高等教育综合实力的综合指标，但并不能够真正全面地体现一个国家高等教育发展质量与水平，高等教育强国的最终判定标准要取决于高等教育对社会发展和人的发展的"贡献率"上，即高等教育的结构与功能，故应当转变政府与民间对高校的绩效与声誉评价导向，要强调和重视高校的区域角色，重视高校的社会贡献评价，并澄清"高等教育强国不仅仅是一个排行榜概念，而是一个结构性概念"，为区域高校教师联合培养营造良好的评价导向，从而转变高校围绕各种指标和排名办学的倾向，促使高校更好地发挥各自的比较优势，形成整体性的优势，使得高等教育更好地引领和支撑区域社会经济发展。其二，重视舆论宣传。新闻媒体是舆论引导的主力军和主阵地，要综合运用传统纸媒和新媒体大力宣传长三角区域高校教师联合培养政策，对具体领域协同发展活动的开展进行持续和深入的报道，为长三角区域高校教师联合培养营造良好的社会氛围。

三是运用大数据提升区域高校教师联合培养水平，加大主动公开信息的力度。目前国家已经建立了国家教育科学决策服务系统，其中就包含了教育、人口、经济、科技等不同模块。以此为借鉴，也应当从顶层设计上来统筹高等教育与区域经济社会的协同发展，建立融合区域教育、产业、科技等不同领域数据收集的制度体系，全面系统地收集各类信息数据，打破部门、领域和行业壁垒推进数据融合、数据共享，营造产学研协同创新发展的数据链，释放大数据共享红利。在此基础上，加大对数据的开发应用，最大限度地挖掘数据背后"隐喻"的价值，对协同发展的态势进行持续监测，并进行前瞻性的预测，从而为多元主体在复杂场域中的集体行动提供更多可能。在国家教育科学决策服务系统的基础上，构建区域子系统，以此为依托，打造不同利益主体间资源共享、功能互补、互惠双赢、协同创新的平台。同时，还要完善信息公开制度，坚持全方位、多渠道、宽领域公开原则，确保信息及时、全面公开，赋予公众知情权、参与权和监督权。

（三）动员多元主体参与

在以往的区域高校教师联合培养进程中，政府发挥主导推动作用，而社会力量参与不足，事实上，区域高校教师联合培养作为一项复杂的系统工程，不仅需要政府的统筹协调，更需要充分发挥社会力量的作用。在访谈中，也有专家强调了民间力量的重要性，"要重视自上而下和自下而上的两大驱动力，其中自下而上的驱动力更加重要，真正起作用的，很大程度是民间力量，强在民间"。如何通过系统性的制度设计来激发社会力量积极参与的活力，以及建构社会力量有效参与的通道和机制，是我们需要重点回答的问题，"共建共享"是长三角区域高校教师联合培养的应然形态。"共建"的主体包括政府、高校、社会等，其内容则包含合作办学、联合实验室、实习基地建设等，这些都需要政府、高校、社会力量的共同参与,"共享"是指全体社会成员共同享有区域高校教师联合培养的成果,唯有发展成果更多更公平地惠及全体人民,才能激发社会力量积极参与的活力。首先,增加社会力量参与的制度供给。制定精细化、具有可操作性的具体制度,对社会力量参与的程序和途径做出规定。其次,加大信息公开力度,增进公众对信息的了解,不仅有助于减少公众在集体行动中的信息不对称,使其更好地参与到决策中,也有助于他们更好地发挥监督作用。

再次,激活市场体制,充分发挥市场的作用,引入竞争机制,释放市场力量,提供服务和市场机制调节资源配置的自主空间,一方面开放区域高等教育投资市场,鼓励市场资本和民间资源投入教育服务,投资联合办学,有利于形成教育服务提供主体多元化格局;另一方面市场调节可以不断地刺激高校,使其适应不断变化的社会经济状况。最后,政府应加强对社会组织、第三方机构的培育和引导,鼓励成立教育评价的行业组织,提升社会力量参与的能力。在形成一个全社会共同参与机制的基础上,形成"政府统筹协调、高校自主办学、社会积极参与"的格局。

三、改进长三角区域高校教师联合培养政策制定

长三角区域高校教师联合培养发展已经走过了十多年历程,为适应不断变化的政策环境,长三角区域高校教师联合培养发展政策亟待实现由探索到发展,由经验到科学的转变,而致力于政策优化是促进这一转变的关键因素,是我们应当追求的目标。

从长三角区域高校教师联合培养发展政策的完备性情况、政策执行现状的分析结果来看,政策质量、政策执行力以及政策绩效的提升应当是政策优化的关键,在前述研究的基础上,我们认为改进长三角区域高校教师联合培养发展政策制定、强化长三角区域高校教师联合培养发展政策执行、打造新型长三角高等教育治理格局是长三角区域高校教师联合培养发展政策优化的实现路径。

(一) 提升决策民主化和科学化水平

民主化是教育政策程序价值(形式价值)的核心内容。对于教育政策民主来说,关键概念是参与,在特定的共同体内,社会成员对于涉及切身利益的政治决策应该有所

参与,而参与的广度和深度自然要成为衡量民主的尺度。长三角区域高校教师联合培养发展政策初步构建了一个决策体系,但由于政策的制定并未充分赋予公众参与权和知情权,并未给予公众、市场、社会组织更多的参与机会,公众的意愿和诉求得不到很好的体现和反映,很难形成一个全社会共同参与的机制,甚至签署的行政协议并没有公开,例如2009—2019年长三角地区共召开了十一届教育协作/一体化(发展)会议,历届会议共签署了涉及高等教育领域的框架协议或专项协议19份,最终并未公开,暴露出决策不够民主化的问题。

科学化也是教育政策程序价值(形式价值)的基本内容,其目的就是保证教育政策价值选择的合理性和教育政策活动的合规律性。"长三角区域高校教师联合培养发展"的提出,很大程度上只是作为"长三角区域一体化"的衍生品,缺乏区域高等教育共同体价值观的引领,实质性推进缓慢,其在为区域内经济社会、产业发展及科技创新方面发挥的支撑成效也不显著。究其原因,在区域高校教师联合培养发展政策决策和实施过程中未注重遵循区域高等教育发展的规律和内在逻辑,使区域高校教师联合培养发展获得合理性,可见决策的科学化程度不够。因此有必要进一步提升决策的民主化和科学化水平,一方面,应无差别地收集民意以把握更全面的信息,进一步推进决断程序的民主化;另一方面,需充分利用大数据为决策提供支撑,以促进决策的科学化和精准化。

(二) 建立政策动态调整机制

1. 积极适应社会环境的变化不断更新和完善政策

国内外宏观环境的变化、国家区域发展战略的实施使长三角区域高校教师联合培养发展政策环境发生了重大变化。随着长三角区域一体化发展上升为国家战略,长三角区域一体化发展进入新阶段,"高水平打造长三角世界级城市群"也成为一体化背景下的重大任务。

新时代长三角区域高校教师联合培养发展要按照长三角一体化建设目标需要,充分考虑长三角区域整体需求乃至国家教育改革需求,同时借势于长三角城市群的建设,参照当今国际经济发展的新模式,从以省域为中心发展转向多中心多元主体同时发展的城市群发展模式。以长三角世界级城市群建设目标为导向,规划长三角区域高校教师联合培养发展的新目标和新定位,以期为长三角打造世界级城市群提供人才支撑和智力支持,为长三角区域经济发展提供创新驱动新动能。伴随着区域产业布局的优化,区域高等教育结构也必须相应地进行动态调整。

中央政府对三省一市的产业布局做出了调整,要求形成分工合理、各具特色的空间格局,例如上海避开劳动密集型和资源消耗型产业,重点发展资本密集型和技术密集型产业,江苏和浙江适度重视发展劳动密集型和资源消耗型产业,适度发展高新技术产业。安徽以劳动密集型和资源消耗型产业为主,适度发展高新技术产业。上海金融、贸易及航运中心的地位领先,江苏和浙江在生物医药、新能源、电子信息等方面表现出较强的竞争力,安徽在加工制造业、原材料、能源、农副产品等产业上具有比较优势。与之相适应,要围绕长三角三省一市最新的产业布局,推进高等教育区域统筹和布局,明确区域高校服务产业创新方向,开展学校分类定位及宽口径的学科专业布局优化调整,促进区域高等教育和产业集群的协同发展。此外,需努力构建长三角区域教育开放的新格局,坚持以全球视野统筹谋划长三角区域高等教育发展,在整合长三角区域内部高等教育优势资源的同时,要跳出长三角,利用国内外智力资源、教育资源,打造高等教育开放高地。

2. 整合与调适三省一市高等教育发展规划

长三角三省一市处于不同的经济发展水平,高等教育发展水平也存在差异,在制定区域高校教师联合培养发展政策时,需结合各地区经济发展水平和教育发展水平的差异,因地制宜、因时制宜,体现包容性,在平等协商和相互尊重的基础上制定包容性的协同政策。此外,应当保证三省一市高等教育发展规划的统一性和整体性。在三省一市高等教育发展规划的基础上,制定长三角区域高校教师联合培养发展规划。长三角区域高校教师联合培养发展首先体现为长三角三省一市之间的高校教师联合培养发展,四地要呈现出省市高等教育政策体系对长三角一体化背景的适应性政策调适,与区域高等教育发展规划相对接,即不仅需要考虑各自的教育特质和独立发展的问题,还需要做好相互之间的协调发展问题。长三角区域高校教师联合培养发展政策需要在保证统一性和整体性的前提下,构建包括国家层面、区域层面与地方层面的高校教师联合培养发展政策体系。即这些政策既要考虑到各地区的教育发展实际水平,又要指向长三角区域高等教育共同的发展目标;既体现差异性,又具有整体性。

3. 逐步完善相关领域政策的依凭和衔接

作为一项宏观的教育政策,注重相关领域政策的配合、协调与认可,促进功能之间的协同至关重要。目前亟需对高校教师联合培养发展与人口、科技、产业、经济、劳动力市场等各项政策的依凭和衔接进行整体制度设计,构建良好的制度环境。协同不单指部门和机构的合作,还需将高等教育人才培养和科学研究的职能延伸到产业发展等具体领域进而实现功能之间的协同。在教育政策从人才供给的角度与长三角三省一市产业错位发展、优势互补相适应,密切与产业界联系的同时,科技政策需支持区域高校科研合作,资助高校的产学研联合研究,产业政策需关注企业群体的共同需求,支持企业的技术吸收。劳动力市场政策需健全劳动力市场数据平台,形成科学的反馈和预测机制,为高校调整学科专业人才培养结构提供依据,在融合性强、可以相互促进的领域制定融合规划。

■ 参考文献

[1] 李芒,李子运.“互联网+”时代高校教师发展的新思路[J].中国电化教育,2016(10):11-17+50.

[2] 廖思超.浅谈高校新教师岗前培训遇到的问题及对策[J].人力资源开发,2015(24):26-27.

[3] 林杰,魏红.大学教师发展的国际趋势[J].高校教育管理,2016(1):86-91.

[4] 吴庆华,郭丽君.从培训走向发展:高校青年教师培养的转变[J].高等工程教育研究,2013(4):141-144.

[5] 叶常青.导师制视域下高校青年教师培养模式创新[J].中国成人教育,2018(15):141-143.

[6] 周飞舟.财政资金的专项化及其问题——兼论“项目治国”[J].社会,2012(1):1-37.

[7] 周金虎.高校新任教师培训的现实困境与路径选择[J].国家教育行政学院学报,2012(7):27-31.

[8] 周雪光,练宏.中国政府的治理模式:一个“控制权”理论[J].社会学研究,2012(5):69-93+243.

[9] 朱宁波,曹茂甲.我国高校青年教师培养政策的文本分析[J].教育科学,2017
(4)：62-68.

[10] 朱园飞.新时代高校新教师岗前培训的问题及对策——以上海市属高校新教师
岗前培训为例[J].当代继续教育,2019(5)：19-25.

下篇：实务篇

第十章 项目运营前期筹备

一、前期筹备

(一) 培训通知

及时下发上级部门的培训通知是项目运营前期筹备的首要环节,比如:

市教委关于实施高校新教师岗前培训的通知

沪教委人〔2013〕49号

各有关高校:

根据《国务院关于加强教师队伍建设的意见》(国发〔2012〕41号)以及《教育部中央组织部中央宣传部国家发展改革委财政部人力资源社会保障部关于加强高等学校青年教师队伍建设的意见》(教师〔2012〕10号)精神,为落实"要加强青年教师的教育教学能力培训,建立健全新教师岗前培训制度"的要求,市教委决定开展本市高校新教师岗前培训工作,现通知如下:

一、指导思想和目标

提高新教师思想政治素质,大力加强中国特色社会主义理论体系教育和国情教育,践行社会主义核心价值体系;帮助新教师具备一定的教育教学和科研技能,养成基本的教师职业素养,激励和引导新教师重视教育教学工作,努力促进学生的健康成长;以教师终身职业生涯发展为目标,创新新教师岗前培训模式,以能力培养为导向,采用多元化的培训与学习方式,注重培训实效。

二、培训方式

1. 培训内容分为"宏观视野""技能精练""素质养成"等模块,以职业理想、职业道德素养、先进的教育理念、基本的教育教学与科研能力为核心,提高新教师适应性与发展能力。

2. 培训采用混合式学习模式,融集中研修、校本研修和个人自学于一体。将网络资源支持、专题讲座、行动学习、录像观摩、教学演习、案例分析、交流研讨、拓展活动等多种学习方式相结合,促进学员主动学习、团队学习和基于问题的学习,养成新教师基本的教育教学能力、科研能力与心理调适能力。

3. 各有关高校还可结合本校实际情况,制定并实施校本培训方案,如校情校史培训、学科专业基本理论知识培训、计算机、外语等基本技能的培训等。

三、培训对象

2013 年起,各有关高校新入职专任教师(含思政教师、辅导员、实验教师、岗位任务明确今后将承担一定量教学工作的科研人员)必须经过市教委统一组织的岗前培训,方能承担教学任务。各高校要合理安排好新教师参加培训,在新教师入职一年内分批次完成培训计划。

四、培训组织与职责

市教委负责各有关高校新教师岗前培训的规划、管理和经费投入等工作,定期检查、督促培训计划的落实,总结经验,不断完善培训形式;对培训合格的新教师授予证书。

市教委委托华东师范大学、上海师范大学承担各有关高校新教师岗前培训计划的具体制定和实施,两校应建立相应的机构并落实人员负责具体组织管理工作,制定和完善有关参训教师的管理办法,严格管理,保证培训质量;关心参训教师在培训期间的思想、学习和生活;加强学校各部门的协调配合,为参训教师的学习提供必要的条件。

参训教师所在学校要关心参加培训教师的思想、学习和生活,明确校人事部门、院系、教研室(所)的责任。

五、培训管理

1. 参训教师管理

(1)承担培训任务的高校对参训教师按有关规定进行考核,考核结果记入本人业务档案,作为新教师今后获得市教委后续培养计划资助、职务聘任和晋升、奖励等方面的依据。

(2)承担培训任务的高校提供住宿,并为参训教师在图书检阅、资料查询、文献检索、网络使用及有关设备使用等方面提供便利条件(一般不低于在校研究生的待遇)。

(3)参训教师在参加脱产培训期间,对其本校工作量实行减免。参训教师的工资、津贴等待遇,原则上各高校应确保不受影响。

(4)参训教师如无正当理由,未认真履行职责或未完成规定的培训任务,或培训考核不合格的,不发给结业证书。培训期间违反纪律和有关规定,影响恶劣的,由其所在高校给予必要的处分。

(5)学校应根据实际情况,制定新教师岗前培训管理制度。新教师参加培训后,未履行完学校聘用合同即辞聘或辞职的,根据学校新教师岗前培训管理制度执行。出国留学人员按国家有关规定执行。

2.培训教师管理

(1)承担培训任务的高校负责培训师资库建设,培训师资来源除从本市高校中择优遴选外,还可从外省市、海外高校中遴选。培训师资库经市教委确认后,保持相对稳定。

(2)市教委联合承担培训任务的高校对培训教师(含教辅人员)的师德师风、教学效果与服务水平进行考核,优胜劣汰,不断提高培训教师队伍的整体水平。

(3)培训教师的授课费、劳务费、交通费等不纳入该教师绩效工资总额。承担培训任务的高校为培训教师提供必要的授课物质保障。

(4)培训教师工作期间要按照教学计划实施教学活动,不得随意调课、擅自改变教学计划。

(5)经考核教学效果及服务水平达到优异的培训教师,其培训绩效可作为该教师今后职务聘任、晋升及奖励等评估的依据之一。

3.培训经费管理

(1)市教委设立高校新教师岗前培训专项经费,主要用于高校新教师岗前培训期间所发生的与培训直接相关的费用。

(2)承担培训任务的高校应根据培训计划、参训教师情况和培训教师情况,做好预算细化工作,报市教委审批。

(3)经费使用要按照本市和学校有关财务规定,合理安排、规范使用、杜绝浪费。

各有关高校要高度重视,将新教师岗前培训作为教师队伍建设工作的基本环节、重要环节,使大部分新教师能更好地履行岗位职务职责。同时,各有关高校要积极创造条件,及时选拔、重点培养在实际教学、科研中涌现出来的优秀新教师,使之尽快成为学术骨干和新的学术带头人。

上海市教育委员会

2013 年 6 月 14 日

通知下发后应立即启动项目研讨会。

图 10-1 首期上海市属高校青年教师培训项目杭州研讨会现场

(二) 学情调查

在项目开启前期,承办单位就当期培训项目开展的时间、地点、形式等内容向选派

单位和学员发放问卷,征集意见和建议。综合选派单位及学员的反馈意见,项目团队拟定培训计划。示例如下:

第 xx 期上海市属高校青年教师培训意向征询

各位老师好!

　　为征求第 xx 期上海市属高校青年教师培训项目参训学员对疫情期间开展在线教学的相关意见,收集新教师学员对培训项目的了解情况、预期收获、在线学习周期的天数设置等的相关建议,我们设置了第 xx 期上海市属高校青年教师培训意向征询表。您的意见对我们的培训安排及提供优化策略有着重要的意义,希望您能根据您的实际情况如实填写,我们会对您填写的内容绝对保密,不会给您带来任何不利影响,非常感谢您的真诚合作!

1. 您的性别是［单选题］*

　　○男　　○女

2. 您所在的学校是［单选题］*

　　○上海工程技术大学　　○上海电力大学　　○上海应用技术大学　　○上海第二工业大学　　○上海健康医学院　　○上海立信会计金融学院　　○上海电机学院

3. 您的专业是［填空题］

　　_____

4. 您对新教师岗前培训的了解主要来源于?［单选题］*

　　○本校往期学员的介绍　　○本校人事处的介绍　　○市教委相关文件　　○不了解

5. 您对参与本次新教师岗前培训的收获预期是什么?［多选题］*

　　　　□提升教学技能　　□锻炼个人社会适应能力　　□依靠培训组织所搭建的新教师互动交流平台,增加各兄弟院校跨学科交流机会　　□帮助对过去工作进行总结与反思　　□其他_____　*

6. 从 45 天的集中学习来看,您认为在线学习周期应该多少天合适?［单选题］*

　　○1—3 天　　○3—5 天　　○5—7 天　　○7—10 天

7. 您认为一堂在线学习的课程时长设置为多久效果最佳？[单选题] *

  ○45 分钟　　　○60 分钟　　　○90 分钟　　　○120 分钟　　　○180 分钟

8. 如果安排在线学习您可能的学习场所会在哪里？[单选题] *

  ○在家　　　○在学校办公室　　　○图书馆　　　○固定的培训教室

9. 您认为下列哪种学习效果最佳？[单选题] *

  ○课堂教授　　　○课堂教授和在线学习相结合　　　○在线学习

10. 您认为在线学习会受到哪些因素影响？[单选题] *

  ○网络的稳定情况　　　○个人的信息化水平　　　○硬件设施如摄像头、耳麦等

二、教学设置

(一) 课程体系

培训项目实施以"思政师德"为引领的"教学能力""教学科研能力""社会适应能力"四大课程板块为基础，展开综合性模块化学习方式。四个模块分布于集中研修、校本研修、个人研修三个环节，设立了"凝聚力拓展训练""专题讲座""行动学习""交流研讨""学术沙龙""临时党支部民主生活会"等学习环节。

1. 集中研修

集中研修采用能力导向、实践导向的行动学习模式，进行课堂面授、小班化教学、小组研讨、网上自学等多种方式相结合的混合式学习。在集中研修阶段，主要教授的是基本教学法、教学理念和教学前沿的方向趋势、主流思想等一般性教法工具。集中研修有助于改变教师独学无友的状况，满足了教师交流研究的渴望，达到了专业引领、同伴互助共同成长的目的，能够更好地打破校际壁垒，打破学科壁垒。

2. 校本研修

校本研修专项模块旨在帮助新教师在校本研修阶段把在集中研修中所学的工具、理念、方法，在有经验的学科导师带领下，完成学科专业教学与一般教学法的融会贯通。EDP 中心为参训各校提供校本研修方案的框架性参考意见，参训学校结合本校实际制定校本研修方案，最终执行方案提交 EDP 中心汇总，形成文字性材料汇编入册。

校本研修方案示例如下：

图 10-2　学员在集中研修阶段的课堂学习剪影

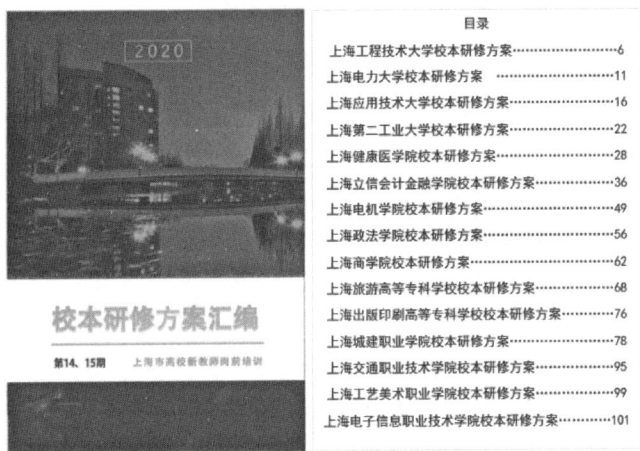

目录

图 10-3　校本研修方案汇编封面及目录页

XXX 大学校本研修方案

　　校本研修方案指在新教师系统参加集中研修阶段课程后,返回所在高校,跟随本校带教导师,围绕学科专业进行的教学实践活动,具体包括课堂教学实践和教学科研实践两部分。旨在通过课堂教学实践、观摩研讨交流等日常教学场景中的学习机会，将集中研修所习得的教育教学理论与知识融合进学科教学，从而使理论与实践之间的张力得以平衡。

一、培训目标

1. 通过跟岗观摩本校带教导师的主讲课程及现场试讲，将本体性知识、条件性知识与实践性知识进行整合，为今后开展教学活动奠定基础。2. 结合学科专业，深入思考自身的教师身份，了解学生学习特点及教学环境，为教师职业角色做好前期准备。3. 积极参与各类校内教师发展项目及学科点教学研讨活动，通过讨论发现、分享实践经验等，建立新的联结，促进与同事间的对话与合作。4. 通过熟悉课堂及教学活动，尽快完成角色转换。

二、培训阶段及教学任务

1. 熟悉教学工作及随堂观摩：了解专业培养方案的基本结构、课程构成、课程大纲编制、教学方案设计等各教学环节的基本要求和方法，以及教学规范等相关规章制度。随堂观摩由本校带教导师主讲的专业课程，旨在了解教学全程，掌握教学内容的呈现及教学方法的选择，把握重难点内容的教学策略。

2. 优质教学视频评析与分享：返回教学点，递交精选优质教学视频，在教研小组内进行分享与交流。该教学视频要求体现教学实践智慧，视频时长为 20 分钟，格式为 MP4/AVI，视频来源不做限定。由教研组专家进行组内点评，并解答新教师在随堂观摩中遇及的困惑与问题，针对不同学员的实际教学情况给予个性化指导。

……

三、本校带教导师带教资质及任务要求

1. 带教导师选拔资质

（1）认真履行职责，治学严谨，师德师风优良。

（2）与所带教新教师的学科专业相近，具有副高级职称或以上职称，从教工作经验 5 年以上。

……

2. 带教任务与要求

（1）了解带教新教师的学科背景及入职后的教学任务，共同设定跟岗教学实践阶段学习目标及听课安排,帮助新教师提升教学能力。

(2)明确所听课程在其专业人才培养方案中的作用,帮助新教师了解该专业学生特点、学习需求及学业指导的重点内容。

......

四、组织与过程管理

1. 培训项目办公室职责

(1)组建专家团队,与校内相关部门协调落实跟岗教学实践阶段的工作。

......

2. 人事处、教师工作部或相关部门职责

(1)安排落实新教师返校跟岗教学实践期间的带教导师遴选工作,并明确带教导师指导任务及具体要求。

(2)负责带教导师及新教师之间的协调工作,若带教导师无法按照跟岗带教计划开展指导,需根据实际情况为新教师重新安排带教导师。

......

五、培训评价与反馈

由培训项目组组建专家小组,对教学案例所呈现的教学问题典型性、撰写规范性、反思深刻度及视角创新性等方面进行评价。每位新教师所提交的教学案例需是在返校教学实践过程中真实发生的,具有真情实感的。

六、后续工作

1. 做好校级培训与市级培训的衔接工作。

2. 做到职前培训与在职培训相结合。

......

xx 大学

X 年 X 月 X 日

3. 个人研修

自我研修是个人情境化探究、批判性协同研究、提高个性化学识的活动,是一个透明的、系统化的教学实践专业化成长研修过程,是青年教师职后知识生产与实践能力陈述的活动。个人研修有助于参训学员不断提高自身素质,进一步加强理论学习,立足常规教学,不断总结反思自己的课堂教学,逐渐形成具有个人特色的教学风格和教学特色。

在 15 天的个人研修过程中,学员需要完成三方面内容:对将要讲授的课程进行学科专业分析;结合"教学设计"完成课程介绍的相关设计;对培训心得体会、培训所学工具方法应用、培训改进意见建议等方面形成个人研修报告,EDP 中心选取优秀个人研修报告汇编成册。

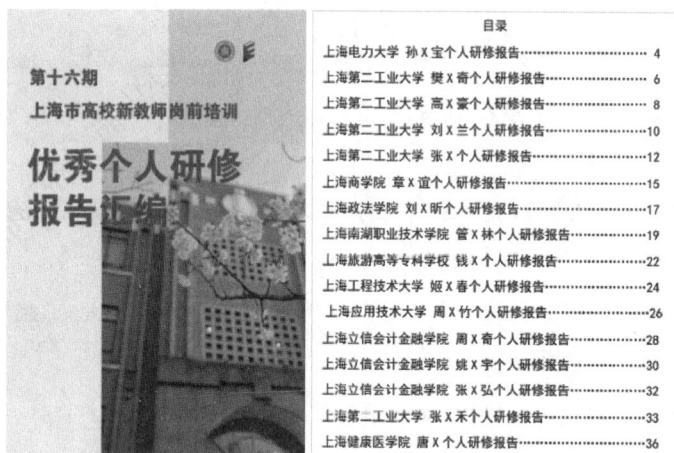

目录

图 10-4 优秀个人研修报告汇编封面及目录页示例

优秀个人研修报告示例如下:

上海市第 16 期高校新教师岗前培训小结

上海 xx 学院 xx

由于学校办学层次的提升,我有幸作为高校师资队伍的一名新兵,参加了上海市第 16 期高校教师岗前培训。为期近四个月的培训即将结束,现对这段宝贵的经历做一个小结。

一、感悟

在接到培训通知时,以为和其他培训一样,只不过走个过场。看到培训安排后,大吃一惊。培训内容之多、时间之长都是始料未及。而且,上至市教委,下至学校,对这次培训给予了高度重视。尤其是华东师范大学高教师资培训中心为这次培训做了大量的工作。

……

二、收获

通过培训,我认识到做一名合格的高校教师应该具备什么样的专业素质和职业素养,也学到了很多教学理论和教学实践方面的知识。

首先是对什么是高等教育及怎么做一名合格的高校教师有了较为清晰的认识。

……

其次是对高校教师职业道德修养有了更进一步的把握。

……

再次是掌握了教学设计的技巧,提升了教学技能。

……

最后是理解了高校课程思政的意义以及如何开展课程思政。

……

三、展望

高校教师具有教学和科研双重任务。不重视教学,科研就成了无源之水;不重视科研,教学就成了无本之木。所以,在今后的工作中,要做好这两方面的平衡。通过钻研教学,为科研提供直接的素材;通过科研,为教学提供坚实的理论依据。不仅知道教什么、如何教,还要知道为什么这么教。

……

四、结语

为期四个月的培训即将结束了,这是一段令人难忘又弥足珍贵的经历。培训中,我不仅丰富了知识、开阔了视野、增长了见识,还领略了多位学术大咖的风采,结识了很多有学识、有抱负的年轻有为的青年教师。

……

(二) 授课师资团队

授课师资团队结构量化为:50%的华东师大师资,25%的上海高校师资(复旦大学、同济大学、上海交通大学等),15％的国内高校师资(东北师范大学、北京师范大学、华中师范大学、西安师范大学等)和 10％的国际师资(与澳大利亚职业教育联盟建立合作关系)。

(三) 培训场地

1. 线下学习场地

线下学习场地主要包括:

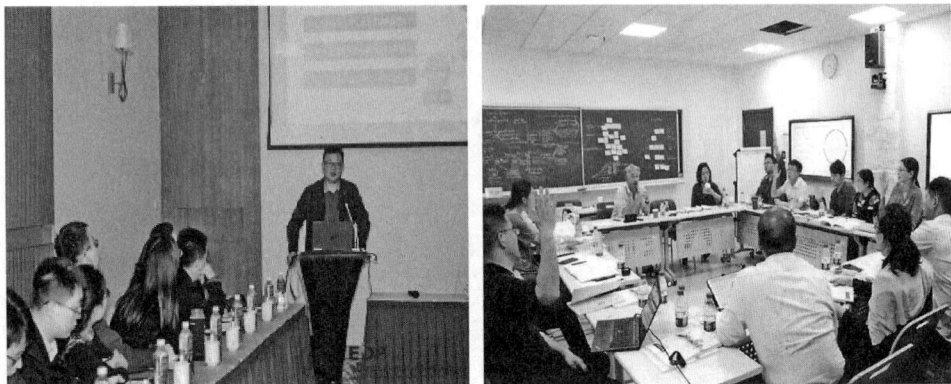

图 10-5　项目师资授课现场

(1) 华东师范大学教师之家,是学员在集中研修阶段的主要住宿、学习活动场所。

华东师范大学教师之家(宾馆)隶属于华东师范大学,其上级单位上海华申中外文化交流服务有限公司是具有独立法人资格的华东师范大学校办产业,也是华东师范大学接待中外宾客的主要场所和重要窗口。学员入住前,培训项目团队和教师之家管理团队召开碰头会议,就学员住宿、会程保障、学员用餐、物料整理与保管、医疗救助、科学防疫等开展全面细致的筹备工作。

(2) 东方绿舟,是学员进行岗前培训素质拓展训练的主要场地。

东方绿舟是上海市教育委员会直属的事业单位,秉承"五育并举"的教育思想,以"学高为师、身正为范"为准绳,拥有一批素质过硬的师资队伍,可利用园区内丰富的教学资源,在智慧大道、航空母舰、公共安全实训等 16 大课程实践区进行多元化教育课程的开发设计与组织实施。根据课表安排,师训项目学员在专业教练团队的带领下,

图 10‑6 高师项目团队与教师之家管理团队讨论食宿事宜

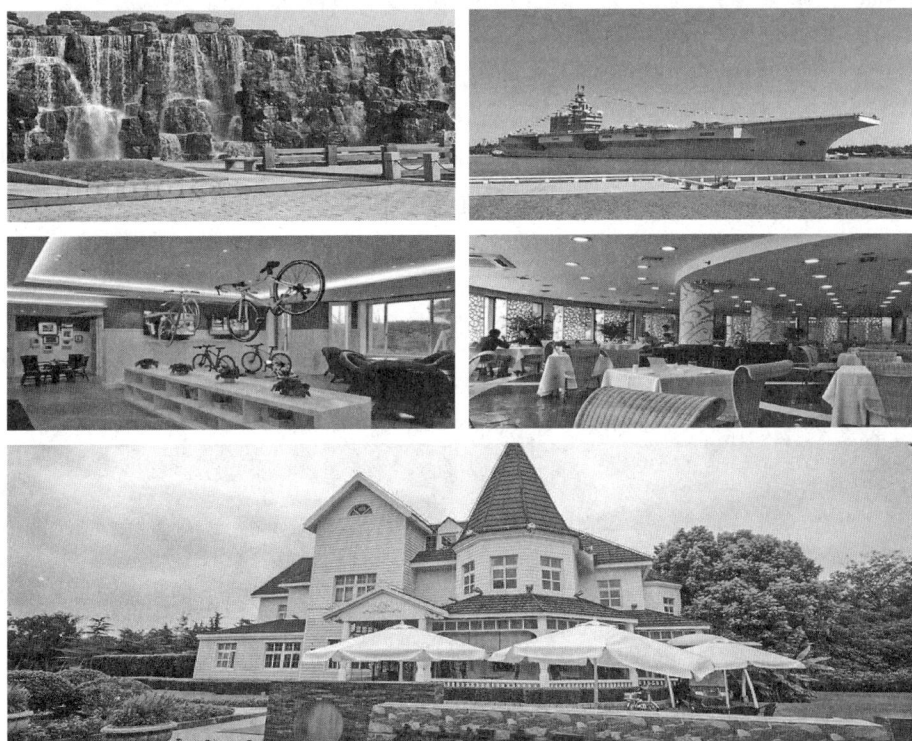

图 10‑7 东方绿舟素质拓展培训基地

在东方绿舟基地进行为期三天两夜的拓展培训。项目开始前,培训项目团队和东方绿舟管理团队召开筹备会,对学员的衣食住行、训练内容、场地安全等进行全方位把关,努力为学员提供最优质的学习体验

（3）华东师范大学微格教室,是学员进行模拟教学前测、后测的实训基地。

图 10-8　参训学员进行微格教学

华东师范大学拥有设备精良的专业微格教室,帮助学员在模拟教学前、后测中了解自身教学水平,发现教学问题,提高教学技能。

图 10-9　专家在微格教学课堂进行教学点评

教学前测主要用来帮助学员分析自身存在的教学问题,在测试中明确自己需要改进的地方,提高培训的质量效果。教学前测环节分数源于自评及同组学员互评,学员

在模拟教学中相互点评,提出优缺点和教学建议。

教学后测环节,项目团队邀请不同参训单位教务处领导及有丰富授课经验的老师参与点评。测试开始前,项目团队与华师大教育教学实验中心人员就学员入场、设备调试、测试流程等方面内容开展对接工作,确保模拟教学前测与后测顺利开展。

(4) 参训单位

各参训单位是学员在校本研修环节的学习场所。校本培训是指以学校为单位,面向教师的学习方式,内容以学校的需求和教学方针为中心,目的是提高教师的业务水平和教育教学能力。此外,校本课程是一种新的课程领域,基于学生的直接体验,密切联系学生自身生活和社会生活,体验对知识综合运用的课程。它的基本学习方式是探究学习。

校本研修环节在学员本校进行,本环节开始前项目团队和各参训单位召开座谈会,就执行校本研修期间遇到的问题、需要承办单位提供的协助等展开具体讨论。研

图 10–10　项目团队成员实地考察各校校本研修情况

修开始后,培训团队安排项目专员及各参训单位校本观察员走访现场,实地考察参训单位及学员组织参与校本研修情况。

(5) 行业龙头企业

企业参访是提升应用技术型高校新教师综合素质的重要举措之一,是为学校专业设置,构建与国家职业等级标准相适应的课程体系做好市场调研,通过实地探访能够培养教师的理论教学能力和实践教学能力,体现出培训项目对教学过程实践性、开放性以及职业性的注重。企业实践基地以航空制造、医疗、科技等行业中的龙头企业为主。

在项目前期,培训项目团队与企业方就参访期间交通、用餐、实践内容、注意事项等进行详尽沟通。项目结束后,培训项目组收集学员企业实践报告并汇总成册。

图 10-11　应用技术型高校教师在企业参访交流

企业实践报告示例如下:

X班X组企业实践总结

记录人：XX上海XX大学

学员学号：＊＊＊＊＊＊号～＊＊＊＊＊＊号（共X人）

2021年5月18日，在上海商学院赵XX老师的带领下，第XX期上海市属高校新教师岗前培训X班全体老师先后到上海欣诺通信技术股份有限公司和永大电梯设备（中国）有限公司两个企业参观交流。近年来，我国科技体制改革步伐加快，人才评价、科技成果转化、科研诚信、科研管理等方面的政策不断出台，让各类创新主体迸发强劲活力。在上海市各级政府的大力支持下，如今，上海市建成和在建的国家重大科技基础设施达到14个，数量和投资总额在全国处于领先地位。

《上海市推进科技创新中心建设条例》于2020年5月1日起施行，聚焦赋予科研事业单位更大的人财物自主权、聚焦让科研人员敢啃"硬骨头"、勇闯"无人区"等多个方面，为创新提供了"上海方案"。……因此，从观念上要正确引导学生真正认识到实践的重要性，在具体培养路径上可以更加全面、深入地加强与企业的合作，让学生能真正在实习中有所收获。

华东师大的企业实践培训有利于校企合作，实现产学研一体化，有所收获的同时，老师们也针对企业见习，提出如下建议：

一是企业实践最好分专业，进行有针对性的参观。

……

二是企业实践形式可以更为多元，让企业工作人员与新教师之间有更多关于企业相关岗位的交流。

……

三是在学习过程中，我们不仅感受到了中国科技企业的奋起，还体验了外资企业的先进技术积累，在以后的工作中应加紧培养创新型人才，为国家科技崛起做出贡献。

企业实践报告的研讨交流示例如下：

6班5组企业实践心得在线研讨会交流记录

记录人：XX上海XX大学

在线学员学号：＊＊＊＊＊＊号～＊＊＊＊＊＊号（共X人）

图 10‑12　企业实践小组合影

2021168 张 xx‑上海交通职业技术学院

在华东师大的组织下,我们参观了上海欣诺通信技术股份有限公司和永大电梯设备(中国)有限公司。大家被新产业的芯片所震撼,认识到了校企合作的必要,不过令我印象深刻的还是电梯公司。永大电梯的工厂比较大,设施设备很齐全,生产的电梯种类也很多,尤其是新款电梯,还带有逃生功能,在最大幅度上能增加逃生时间和机会。

华东师大的企业实践培训有利于校企合作,实现产学研一体化,但是本人有一点建议:企业实践最好分专业,进行有针对性的参观,这样会比各专业老师混在一起参观同一个企业有意义得多。

2021169 李 xx‑上海政法学院

在华师大培训中心和上海商学院的精心组织下,我们到上海欣诺通信技术股份有限公司和永大电梯设备(中国)有限公司进行参观和实践。在上海欣诺通信技术股份有限公司,工作人员为我们详细介绍了公司的发展与核心竞争力,并对人才吸引与人才招聘进行了详细介绍,还有技术人员为我们介绍公司的机房。永大电梯设备(中国)有限公司也对我们的到来表示欢迎,我们实地参观了不同电梯的运行,以及公司所设计的安全电梯,这些都让人耳目一新。

对于企业实践建议:一是可以为新老师提供相对专业对口的企业进行实践,并能对专业对口的岗位予以介绍,了解企业所需,让教师明白需要培养什么样的学生;二是企业实践形式可以更为多元,让企业工作人员与新教师之间有更多关于企业相关岗位的交流。

2021170 张 xx-上海政法学院

在华东师范大学的组织下,我们今年高校培训的老师们十分荣幸,来到了通信公司和电梯公司进行企业实践活动。两家公司的工作人员都十分热情地接待了我们一行40多位老师。从公司的发展历程到前沿产品与动态,两家公司的工作人员都向我们进行了十分详细的介绍与讲解,也对相关技术和产品进行了完整的演示,这使我更加了解了企业各部门之间是如何分工与协调的,也了解了关于通信技术和电梯领域的一些基础知识与概念。活动虽然只有短短一天,但我对于实务的认知却提升了不少。

此外,对于企业实践活动,我也有一些自己的建议:比如,组织方在挑选实践单位时应该注重与各位老师的教学专业相一致。作为从事法学专业教学的老师,去通信公司和电梯公司这类理工科专业为主的单位进行实践活动,总感觉难以把所见所闻应用到教学领域。另外,建议企业实践活动的内容不要局限于常规的公司参观与介绍,更应该侧重高校与企业对接的部分,例如可以一同讨论如何将理论与实务相结合以及未来就业需求与高校课程开设之间的关系等方面。

......

2021178 马 xx-上海政法学院

2021年5月18日,我们去企业学习实践,上午参观学习了一家网络安全行业的科技公司,这是一家很有梦想的年轻公司,尽管公司规模较小,但他们和华为一样都是中国科技"铁军"的一员。下午参观了一家日资的电梯行业龙头企业,公司有先进的检测设备,有电子化的生产管理,整个公司管理非常先进,工作人员向我们展示了人工智能在电梯产品上的应用,我们体验了各种智能化电梯。

反思:在学习过程中,我们不仅感受到了中国科技企业的奋起,还体验了外资企业的先进技术积累。在以后的工作中,我们应加紧培养创新型人才,为国家科技崛起做出贡献。

2. 在线学习平台

2020 年起,受新冠疫情影响,高师培训项目逐渐由线下转为全程线上,或以线上线下相结合的方式进行,项目团队在总结历年高校新教师培训经验的基础上,结合疫情防控的新要求新变化,及时搭建线上学习平台。

(1) 在线学习:钉钉平台

在线上平台的选择上,项目组结合师训项目的运营需求和学员学习特点,重点考察了知鸟、钉钉、智慧树、超星、鑫视、微课等多家单位,内容涵盖课程录制、课程运行、视频制作等方面,经综合考量后最终选定了钉钉运行平台并组建学员钉钉群。

作为承办单位,项目组根据当期参培新教师名单,通过钉钉平台逐一导入学员信息,对于没有及时入群查看群消息的学员,我们根据学员名单上预留的联系方式,通过短信、电话再次邀约。在完成邀约工作后,项目组及时上传学员分班名单、学员手册及培训学习注意事项等资料至群文件,供学员们下载使用。

(2) 在线课程资源库

在线上资源准备上,项目组通过采购网络课程和项目自建师资库课程相结合的方式,进行培训课程搭建。项目组购买了国家精品课程 25 门,总时长 2 307 分钟,社会适应能力提升在线课程 39 门课,总时长 2317 分钟;检索了相关网络课程资源 7 个板块,共计 432 门课,总时长 3 万余分钟,涵盖了国家安全、思政师德、高等教育教学理论、教学技能、教学科研能力、社会适应能力、科学防疫等模块,邀请相关学科领域师资组成师资团队进行直播、录课授课。

表 10-1 部分课程资源名列

授 课 题 目	姓名	职称	单　　位
何为执着追求,如何学做人师	于老师	教授	中国基础教育改革优秀教师代表
中国文化复兴与人类命运共同体	贾老师	教授	华东师范大学经管学部
深度解读上海历史建筑,重温不平凡的红色记忆	周老师	教授	上海城建职业学院
"党章解读"专题讲座	徐老师	教授	华东师范大学党校

授 课 题 目	姓名	职称	单 位
"世界视野中的中国经济增长"专题讲座	殷老师	教授	华东师范大学经济与管理学部副主任
当下国际政治经济热点问题分析	余老师	教授	国际关系与地区发展研究院
上海城市的诞生及早期发展	马老师	教授	上海社科院历史所研究院
回顾外交历程,深入学习"四史"	贝老师	教授	国际关系与地区发展研究院
传承师大群育传统,弘扬集体主义精神	房老师	教授	华东师范大学教育学部
坚定制度自信,推进国家治理现代化	齐老师	教授	华东师范大学
当前国际安全形势与中国应对之道	杨老师	教授	上海外国语大学
新时代高校教师的责任担当——法律和文化的视角	郭老师	教授	华东政法大学

第十一章　项目运营过程管理

一、通知发放

项目运营过程中的通知发放具体包括以下几种情形：

（1）项目前期通知发布

入群通知——提交照片通知——培训启动时间——入住通知——开班典礼——素质拓展训练——调查问卷

（2）项目中期通知发布

课程安排通知——模拟教学前测——咖啡文化节——考勤说明——消防安全演习通知——活动类通知（如学术沙龙活动、临时党支部活动）

（3）项目后期通知发布

模拟教学后测——提交作业——提交毕业纪念册照片——乒乓球比赛——教学技能大赛——结业典礼

项目通知发布时间线按项目运行时间排版，不包含项目运行过程中发布的其他临时性事务通知。

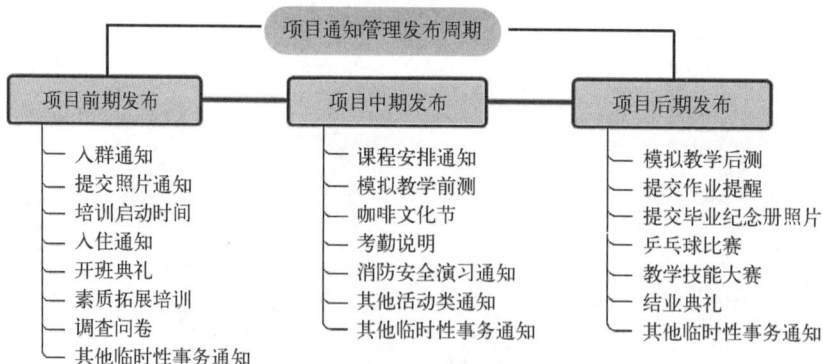

图 11-1　项目通知管理发布周期示意图

部分通知文案模板示例如下：

（1）入群通知

尊敬的＊＊老师您好！欢迎您参加第＊期上海市属高校青年教师入职培训项目。为方便发布培训通知，组织人员展开培训，现邀请您加入第＊期上海市属高校青年教师入职培训项目钉钉群，后续相关培训事宜我们将通过钉钉群进行发送，请您及时入群并关注群内通知，谢谢！

（2）提交照片通知

【照片提交通知】请老师们提交2张照片电子稿：1张近期2寸免冠彩色证件照，白或浅色背景；1张近期生活／工作照（单人或集体皆可），生活照建议与近期工作或防疫疫情相关，用于名单登记、通讯录制作。

【提交时间】截至 X 月 X 日 X 点前

【提交邮箱】＊＊＊＊＊＊＊

【照片文件命名】姓名＋学校

【照片大小】300 像素

【照片格式】jpg／png

（3）培训启动通知

关于 xx 年 xx 高校教师培训项目的告知

各位新教师：

您好，根据《国务院关于加强教师队伍建设的意见》（国发〔2012〕41 号）文件精神，为帮助高校新教师掌握教育教学基本技能及基本科研规范，并为新教师搭建交流互动平台，建立健全 xxx 培训体系，华东师范大学受 xxx 委托将承办"xx 年 xx 高校教师培训项目（总第 x 期）"。项目实施时间为 xxxxxx，现将培训相关事宜通知如下：

一、开班典礼

开班典礼地点：xxxxxx

开班典礼时间：xxxxxx

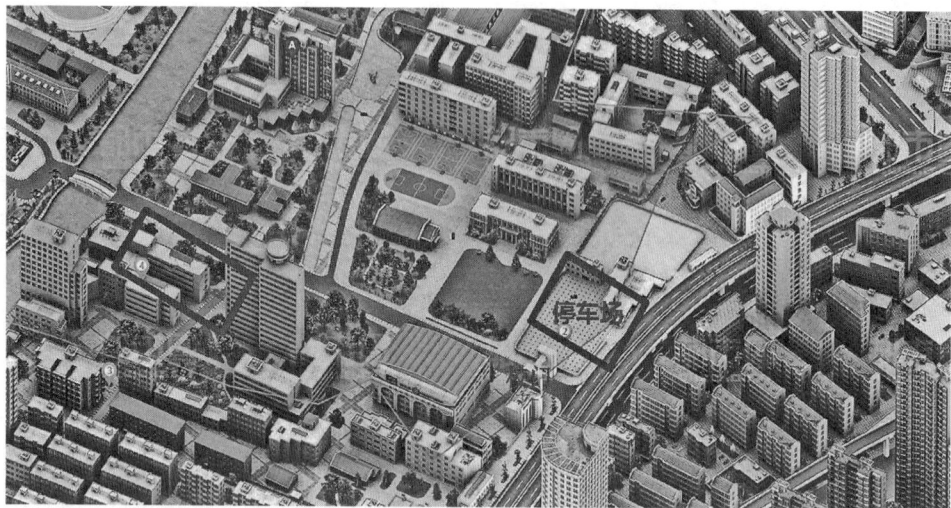

图 11–2 开班典礼地点示意图(以华东师范大学中山北路校区为例)

图 11–3 拓展训练地点示意图(以东方绿舟为例)

二、东方绿舟拓展训练

拓展训练从 x 月 x 日起至 x 月 x 日结束,x 日下午返程。学员与班主任一起从 xxx 出发,乘大巴车前往 xxx。

特别提醒:

1. 请学员务必带好身份证或护照等有效身份证明,办理住宿;

2. 携带衣物尽量从简,自备腰带、着装以便于户外活动为宜;

3. 拓展训练期间听从教练安排,不得擅自离开团队,独自活动;

4. 根据个人需要可携带驱蚊水等个人防护物品,不要佩戴饰品。

三、集中培训报到及入住

时间：xxxxxx

地点：xxxxxx

图 11‑4　集中培训报到地点示意图(以华东师大教师之家为例)

四、其他事项

1. 按上报的培训方案设计,本期培训以集中研修(周一至周五)＋个人研修(周六独立完成)为主要模式展开。

2. 考勤：开班典礼和拓展训练为岗前培训内容,同样记录出勤情况,会由指定的班主任完成。如有学员因特殊原因不能参加,按规定的请假流程执行(附《考勤制度》)。无故逾期不报到者,将按照培训《考勤制度》予以相应处理。

3. 凡参加培训的学员,须全程参与所有培训课程,严格遵守培训考勤制度,按时保质保量地完成各项培训任务。若未完成规定的培训任务,或培训考核不合格的,将不颁发结业证书;培训期间违反纪律和有关规定,影响恶劣的,由其所在高校给予必要的处分。

五、联系方式

姓名：xxxxxx

电话：xxxxxx

（单位名称）

年　月　日

附：考勤制度

为保证培训效果,上海市教育委员会对培训设定严格的考勤制度,望学员理解、遵守并支持承办方的考勤工作。关于如何请假、如何销假、何时打卡等问题详细介绍如下：

1. 学员因故不能参加培训,须事先以书面形式向学校人事处申报,由学校人事处签章后报市教委人事处备案后,由市教委人事处依据事实酌情准假。(学员所在学校人事处、华东师大 EDP 中心均无审批权)

2. 每次请假单元为半天,整个培训期间请假次数不得超过 3 次。迟到或早退 3 次按请假 1 次计。

3. 累计请假 3 次以上,或无故缺席 1 次,一律视作学员自动退出培训。

4. 如已提交请假单并上报市教委人事处备案,但因个人原因未予执行者,需及时履行销假手续,销假流程同于请假流程。

5. 有效考勤时段为授课前 45 分钟内。考勤需本人根据培训组织方的要求操作,不得请他人代为考勤。代考勤学员与缺勤学员均按自动退出培训处理,并通报其学校人事处。

表 11-1　请假单

填写时间：　　年　　月　　日

姓名		学校	
联系手机			
请假类别		1. 事假　　2. 病假　　3. 其他_____	
请假时间			
请假事由			
学校人事处意见 (须盖章确认)			
备注			

（4）模拟教学前测通知

上海市属高校青年教师入职培训（总第 12 期）
关于模拟教学前测的通知

为掌握参训学员的教学起点,在后续的行动学习中更有针对性地进行教学技能提升训练,特设置模拟教学前测环节,数据仅作教学参考,不计入优秀学员的总成绩。现把相关事宜通知如下:

1. 时间

4 月 15 日(周一)上午 9:00—12:00;

4 月 16 日(周二)下午 14:00—17:00;

4 月 17 日(周三)上午 9:00—12:00、下午 14:00—17:00;

说明:微格教室是专供师范学生使用的,我们要避让本科授课需要,所以才有半天时间空当,请大家利用好时间,做好充分准备。

2. 地点

华东师大闵行校区第一教学楼 4 楼 教育实验教学中心(微格教室)

3. 教室及顺序

表 11-2　教学前测教室及顺序

时　间	微格 1	微格 2	微格 3	微格 4	微格 5	微格 6	微格 7	微格 8	微格 9
4 月 15 日(周一)上午	1	1	2	2	3	3	4	4	备用
4 月 16 日(周二)下午	4	4	1	1	2	2	3	3	备用
4 月 17 日(周三)上午	3	3	4	4	1	1	2	2	备用
4 月 17 日(周三)下午	1	2	3	4					备用

注 1:表中数字为班级代码;
注 2:按表格中班级安排,每间微格教室每半天可安排 5 人,分布于 4 个半天,由班长组织确定每半天进场学员及当天模拟教学次序;
注 3:每个半天参加前测的所有学员在微格教室相互评分,其他学员可进入观摩教室观看学习。

4. 准备

（1）学员可结合在校教学任务准备教学内容和授课 PPT,授课时间不超过 30

分钟；

（2）微格教室不可外接电脑，请学员将教学内容整理于 U 盘备用；

（3）如有特殊软件或转换装置请自行准备。

5. 评分

（1）由每个半天在该微格教室参加模拟的学员按评分标准对前测学员进行评分，最后计算平均分为该学员的成绩；

（2）学员模拟结束后，可以相互点评，提出优点、缺点以及教学建议，相互点评的时间不超过 5 分钟，学员授课和相互点评的时间相加不超过 35 分钟。

6. 考勤

（1）模拟教学前测也是正常的教学活动，考勤和往常一样照常进行；

（2）参加测试的学员必须提前 10 分钟到微格教室现场，现场会有老师帮大家讲解设备使用及录制注意事项（微格教室在华东师大闵行校区内，步行需要 15 分钟）；

（3）当天没有前测安排的学员建议前往微格教室观摩学习，也可在教师之家自己安排阅读或是进行个人研修成果的整理；如果离开教师之家，需要和班主任老师报备确认。未经允许离开者，按缺勤处理，一切不良后果自负。

7. 其他注意事项

（1）每个微格教室每半天设时间官一名，控制时间，及时提醒；

（2）参加前测的学员切勿迟到，每间微格教室人到齐后将参加测试的学员姓名按顺序写在黑板上方可开始；

（3）学员如需留存自己测试现场的视频资料，请自带大容量 U 盘或者硬盘在测试结束后在微格教室拷贝；

（4）测试结束后，请参加前测的学员将微格教室内桌椅物料归位原处；

（5）微格教室禁止携带食物饮料进场，请学员不要携带并注意保持微格教室整洁。

（5）活动类通知

【咖啡文化节活动预告】

由我校华中集团主办的咖啡文化节系列活动——教师之家专场活动，于今明两天在教师之家二楼公共阅览区开展，现场可以进行咖啡及茶文化体验，欢迎老师们积极参加。安排如下：1. x 年 x 月 x 日 x 时段，内容：咖啡品鉴拉花表演；2. x 年 x 月 x 日 x 时段，内容：中国茶文化发展史及基础茶艺。

【主题沙龙活动预告】

由华东高师师资培训中心主办主题沙龙活动之一（共两个主题），于 x 年 x 月 x 日 x 时段在教师之家三楼报告厅开展，沙龙主题：xxxxxx，沙龙主讲人：xxx。本次沙龙活动是中心组织的两场主题沙龙活动之一，内容与老师们今后的教师职业生涯高度相关，欢迎老师们踊跃参加！

图 11－5 往期咖啡文化节活动现场

（6）模拟教学后测通知

上海市属高校青年教师入职培训（总第 12 期）
关于模拟教学后测的通知

经过集中研修、个人研修和校本研修三个阶段的学习，为检验各位学员教育教学知识和技能的学习情况，特组织模拟教学后测环节。本环节我们将邀请各选派单位教务处领导及有丰富授课经验的老师参与点评，各点评专家随机进入不同教室，为学员模拟教学情况做出点评。现把相关事宜通知如下：

1. 时间

6 月 24 日（周一）上午 9：00—12：00、下午 14：00—17：00；

6 月 25 日（周二）上午 9：00—12：00、下午 14：00—17：00。

（说明：6 月 24 日、25 日为模拟教学后测环节，6 月 26 日为反思研讨环节，请大家利用好时间,做好培训期间的反思总结,各班在班委的组织下,就前两天的模拟教学情况,拟定参加教学技能大赛的选手名单,同时也请参加教学技能大赛的选手做好充分准备。)

2. 地点

华东师大闵行校区第一教学楼 4 楼 教育实验教学中心(微格教室)

3. 教室及顺序

表 11-3 教学后测教室及顺序

时　间	微格 1	微格 2	微格 3	微格 4	微格 5	微格 6	微格 7	微格 8
6 月 24 日(周一)上午	1	1	2	2	3	3	4	4
6 月 24 日(周一)下午	4	4	1	1	2	2	3	3
6 月 25 日(周二)上午	3	3	4	4	1	1	2	2
6 月 25 日(周二)下午	1	2	3	4				

注1:表中数字为班级代码;

注2:按表格中班级安排,每间微格教室每半天可安排5人,分布于4个半天,由班长组织确定每半天进场学员及当天模拟教学次序;

注3:每个半天参加后测的所有学员在微格教室相互评分,其他学员可进入观摩教室观看学习。

4. 准备

(1) 学员可结合在校教学任务准备教学内容和授课PPT,授课时间不超过30分钟;

(2) 微格教室不可外接电脑,请学员将教学内容整理于U盘备用;

(3) 如有特殊软件或转换装置请自行准备。

5. 评分

(1) 由现场点评专家和在该微格教室参加模拟教学的学员按评分标准对测试学员进行评分,最后计算加权平均分为该学员的成绩;

(2) 点评交流:学员模拟结束后,专家点评,提出优点、缺点以及教学建议,点评的时间不超过5分钟,学员授课和点评的时间相加不超过35分钟。

6. 考勤

(1) 模拟教学后测也是集中培训的一个重要组成部分,考勤和往常一样照常

进行;

(2) 参加测试的学员必须提前 10 分钟到微格教室现场,现场会有老师帮大家讲解设备使用及录制注意事项(微格教室在华东师大闵行校区内,步行需要 15 分钟);

(3) 当天没有后测安排的学员建议前往微格教室观摩学习,也可在教师之家自己安排阅读或是进行个人研修成果的整理;如果离开教师之家,需要和班主任老师报备确认。未经允许离开者,按缺勤处理,一切不良后果自负。

7. 其他注意事项

(1) 每个微格教室每半天设时间官一名,控制时间,及时提醒;

(2) 参加测试的学员切勿迟到,每间微格教室人到齐后将参加测试的学员姓名按顺序写在黑板上方可开始;

(3) 学员如需留存自己测试现场的视频资料,请自带大容量 U 盘或者硬盘在测试结束后在微格教室拷贝;

(4) 测试结束后,请学员将微格教室内桌椅物料归位原处;

(5) 微格教室禁止携带食物饮料进场,请学员不要携带并注意保持微格教室整洁。

(7) 作业提交注意事项

高师十二期作业提交注意事项

1. 集中研修

(1) 课堂教学设计作业共有两项,即课程教学设计文件夹内应包含两个文档:① 所教授的某一门课一个学期的课程大纲;② 一节课 90 分钟的教学方案,提交时间为 6 月 15 日。

(2) 教学技术应包含 2 个文件:① 教学 PPT(个人);② 小组教学微视频,提交时间为 6 月 15 日。

(3) 教学评价作业有两项,内容为"评价方案的设计"和"试卷编制",两项中任选一项完成即可,提交时间为 6 月 15 日。

(4) 数字故事大赛作品,请参赛学员提交。参赛作品应以"小组名+学员姓名+作品名称"的形式命名,演示时间控制在 5 分钟以内,每小组(按教育技术课程学习时的分组)至少提交 1 个作品,具体要求请见学员手册第 24 页。最晚提交时间为 6 月 15 日,请参赛学员在提交期限内将作品提交到 EDP 中心刘老师邮箱。

(5) 专业教学实践日志,纸质版专业教学实践日志提交时间:2019 年 6 月 24 日中午 12:00 前,教学实践日志内至少包括 10 篇,请各位学员完成后提交给各班班委,班长再汇总后提交给中心。

2. 个人研修

作业共有三项:(1)学科专业分析;(2)课程设计(从应用的角度出发,结合跨学科要求);(3)培训心得体会。具体要求请见学员手册第 18—22 页。提交时间为 6 月 15 日。

3. 校本研修

请各位学员按照各校校本研修方案要求,按期完成校本研修学习内容及作业,按学校人事处要求提交给本校主管部门相关负责人员。

4. 其他注意事项

除专业教学实践日志外,集中培训和个人研修期间作业都提交电子版。数字故事大赛作品直接提交至邮箱＊＊＊＊＊＊@qq.com。学员个人其他的作业完成后放在一个文件夹内,文件夹以"学号＋姓名＋学校"命名,文件夹内各模块作业再分别建一个子文件夹以"学号＋姓名＋ 模块作业名称"命名。学员个人作业完成后打包发送班委。(由于每位学员的作业数据可能很大,建议每班可分成几组,由班委成员分工收取,再汇总到班长处,请班长统一发送至 EDP 中心)《学员纪念册》照片的提交要求已在钉钉群和大家沟通过了,请返校前尽量把集中培训阶段的照片和感言提交给我们。后面校本研修和个人研修部分的照片请在 6 月 10 日前提交到 EDP 中心刘老师邮箱。

(8) 乒乓球比赛通知

第十二期师训学员乒乓球比赛通知

时间:2019 年 6 月 24 日、6 月 25 日每晚 18:30——当日比赛结束

地点:教师之家宾馆裙楼 101 室(乒乓房)

报名:每班只可报一支参赛队,每队报名人数六名,参赛四名,其中男女替补队员各 1 名(不可兼项)。请各位班长在 5 月 20 日前将参赛名单汇总后发到 EDP 中心张老

师处。

赛制：采用循环积分赛制决出各队名次,胜一场得 2 分,负一场得 0 分,若出现积分相同情况,按盘分、小分计成绩。每场比赛三盘两胜制,每局 11 分制,三局两胜制。

出场顺序为：第一盘 男子单打　第二盘 女子单打　第三盘 男女混合双打

奖励：获得第一名的队颁发优胜奖,二至四名的队颁发鼓励奖。

裁判：每场比赛的裁判员由对阵双方以外的其他班级学员担任,工作小组负责临场记分统计及成绩汇总。

注意事项：1. 每场比赛迟到 15 分钟,视为弃权并判负。

　　　　　2. 比赛用球由工作小组提供。

　　　　　3. 球拍请学员自备。

　　　　　4. 请穿好运动鞋,注意比赛安全。

工作小组联系人：

　　　　EDP 中心——刘老师(联系方式略)

　　　　教师之家宾馆——陈经理(联系方式略)

(9) 教学技能大赛暨结业典礼议程

2018 年上海市属高校青年教师入职培训(总第 11 期)
结业典礼议程

会议时间：2018 年 12 月 26 日(星期三)下午 15:25—16:30

会议地点：闵行教育学院三楼报告厅(闵行区紫龙路 835 号)

参会领导：上海市教育委员会人事处副处长、上海市师资培训中心党委副书记、上海海事大学人事处副处长、上海工程技术大学人事处副处长、上海电力学院教务处副处长、上海电机学院人力资源处处长、上海健康医学院人事处处长、上海师范大学教师专业发展中心主管、上海商学院人事处、华东师范大学高级管理者发展与培训中心主任

主 持 人：张＊＊

会议议程：

1. 数字故事大赛优秀作品展示(15:25—15:35)

2. 学员代表发言(15:35—15:40)

3. 教师代表发言(15:40—15:45)

4. 选派单位领导代表讲话(15:45—15:50)

......

表 11-4 邀请函回执单

邀 请 函

尊敬的领导:

您好!

首先感谢贵单位领导一直以来对_____项目的高度重视与大力支持。_____年度_____培训项目已接近尾声,兹定于年   月   日(周____)(时段),在_____举行"_____项目结业典礼",特邀您莅临指导。

诚望百忙之中拨冗出席,敬请期待您的光临!

(单位名称)
年   月   日

回 执

单位名称				
出席领导信息	姓名	性别	职务	联系方式
是否自驾前往	是□ 否□		车牌号码	
是否参加教学技能大赛点评环节			是□ 否□	
是否愿意作为选派单位领导代表讲话			是□ 否□	

请于   月   日前传真回执至_____(联系人:_____)

培训项目根据当期培训排课表有序开展,就课表不同进度开展项目成果收集、汇总与整理。往期课表示例及培训各阶段成果完成情况如下:

表 11-5　往期课表示例

图例（代码对照）

代码	名称	代码	名称
K/T	开班典礼 拓展训练	DL习	带路专讲
G	个人研修	SJ习	数据专讲
SL	学术沙龙	MN JX1	模拟教学1
XB GM	校本观摩	FS YT	反思研讨
XD XX	行动学习	KT GM	课堂观摩
ZT JZ	专题讲座	MN JX2	模拟教学2
DY习	德育专讲	JN/JY	技能大赛/结业典礼

四月

日期	1	2	3	4	5	6	7	8	9	10	11	12	13	14	15	16	17	18	19	20	21	22	23	24	25	26	27	28	29	30
星期	一	二	三	四	五	六	日	一	二	三	四	五	六	日	一	二	三	四	五	六	日	一	二	三	四	五	六	日	一	二
代码			K/T	K/T		G	SL			ZT JZ	ZT JZ		G	SL	MN JX1	MN JX1	MN JX1	DL习	DY习	G	SL	XD XX	XD XX	XD XX	XD XX		G	SL		
安排			开班典礼拓展训练	开班典礼拓展训练		个人研修	学术沙龙			专题讲座	专题讲座		个人研修	学术沙龙	模拟教学1	模拟教学1	模拟教学1	带路专讲	德育专讲	个人研修	学术沙龙	行动学习	行动学习	行动学习	行动学习		个人研修	学术沙龙	劳动节	劳动节

五月

日期	1	2	3	4	5	6	7	8	9	10	11	12	13	14	15	16	17	18	19	20	21	22	23	24	25	26	27	28	29	30	31
星期	三	四	五	六	日	一	二	三	四	五	六	日	一	二	三	四	五	六	日	一	二	三	四	五	六	日	一	二	三	四	五
代码				G	SL	XD XX	XD XX	XD XX	XD XX	XD XX	G	SL	XD XX	XD XX	G	XD XX	G	SL	XD XX	XD XX	XD XX	SL	G	G	G		G	SL	G		
安排	劳动节			个人研修	学术沙龙	行动学习	行动学习	行动学习	行动学习	行动学习	个人研修	学术沙龙	行动学习	行动学习	个人研修	行动学习	个人研修	学术沙龙	行动学习	行动学习	行动学习	学术沙龙	个人研修	个人研修	个人研修		个人研修	学术沙龙	个人研修		

六月

日期	1	2	3	4	5	6	7	8	9	10	11	12	13	14	15	16	17	18	19	20	21	22	23	24	25	26	27	28	29	30
星期	六	日	一	二	三	四	五	六	日	一	二	三	四	五	六	日	一	二	三	四	五	六	日	一	二	三	四	五	六	日
代码	G		XBYX	XBYX	XBYX	XBYX	XBYX	G		XBYX	XBYX	XBYX	XBYX	XBYX	G		XBYX	XBYX	XBYX	XBYX	XBYX	G	SL	MN JX2	MN JX2		JN/JY			
安排	个人研修		校本研修	校本研修	校本研修	校本研修	校本研修	个人研修		校本研修	校本研修	校本研修	校本研修	校本研修	个人研修		校本研修	校本研修	校本研修	校本研修	校本研修	个人研修	学术沙龙	模拟教学2	模拟教学2		技能大赛/结业典礼			

表 11 - 6　培训各阶段成果完成情况表

阶段	里程碑	时间	成　　果	任务完成 百分比	时间百分比
1	拓展训练结束		各队成绩汇总统计单		
2	专题讲座结束		专题讲座师资授课评价表		
3	德育专讲结束		德育专讲师资评教表		
4	教学前测		教学前测得分统计表		
	校本课堂观摩		校本课堂观摩报告		
5	行动学习结束		分班教学师资评教汇总		
6	模拟教学 1 结束		校本导师评教报告		
7	模拟教学 2 结束		教学后测得分统计表		
			教学技能大赛参赛名单		
8	培训考核结束		学员考核报告		
9	培训结束		大赛获奖名单		
			学员满意度统计		
	项目正式收尾		项目总结报告		
			突发情况案例、总结		

二、临时党支部

临时党支部参考"培训期间支部管理制度"及《临时党支部工作手册》,结合课表有序开展活动。活动发起前由支委会成员填写"活动申请表",召开临时党支部委员会会议,活动结束后,提交一份活动宣传稿,EDP 中心在项目结束后汇总形成《临时党支部活动纪要汇编》,呈报市教委及各参训单位人事处。

（一）支部管理制度

具体如下：

（1）根据本期受训学员党员人数，以班级为单位组建临时党支部，选举产生临时党支部委员会。

（2）建立联络群，承担项目运行期间的通知发送、资料收集等工作。

（3）参考华东中心《临时党支部工作手册》相关内容，明确支部成员责任分工，细化工作任务，开展相关活动。

（4）结合本期课表预留的支部活动时段，提前发起活动申请，填写活动申请表，召开不少于一次的临时党支部委员会会议、临时党支部组织生活会。

（5）加强党性学习，不断提高党性修养，支部成员相互配合、相互尊重、相互协作，积极组织开展适合本班学员特色的党组织活动。

（6）各支部根据在培训期间组织的支部活动，撰写活动宣传稿，华东中心将进行整理汇编，形成上海市属高校青年教师入职培训项目《临时党支部纪要汇编》。

（7）支部成员应妥善保管支部工作中形成的各类材料，工作完成后及时将有关党员名册、组织生活记录表等相关材料提交档案管理人员统一归档。

（8）培训期间，临时党支部委员会须向支部党员报告工作并接受评议，完成任期内工作考核。

（二）《临时党支部工作记录本》

临时党支部工作记录本是为协助培训项目上临时组建的党支部开展正常的组织生活而编制的专项手册。手册包含党的基层组织基本任务、临时党支部各项党的组织生活制度、临时党支部的主要作用、临时党支部工作主要内容和基本要求一览表等内容。部分内容示例如下：

党的基层组织的基本任务

党的基层组织是党在社会基层组织中的战斗堡垒，是党的全部工作和战斗力的基础。它的基本任务是：

（一）宣传和执行党的路线、方针、政策，宣传和执行党中央、上级组织和本组织的决议,充分发挥党员的先锋模范作用,积极创先争优,团结、组织党内外的干部和群众,努力完成本单位所担负的任务。

(二)组织党员认真学习马克思列宁主义、毛泽东思想、邓小平理论、"三个代表"重要思想、科学发展观、习近平新时代中国特色社会主义思想,推进"两学一做"学习教育常态化制度化,学习党的路线、方针、政策和决议,学习党的基本知识,学习科学、文化、法律和业务知识。

(三)对党员进行教育、管理、监督和服务,提高党员素质,坚定理想信念,增强党性,严格党的组织生活,开展批评和自我批评,维护和执行党的纪律,监督党员切实履行义务,保障党员的权利不受侵犯。加强和改进流动党员管理。

(四)密切联系群众,经常了解群众对党员、党的工作的批评和意见,维护群众的正当权利和利益,做好群众的思想政治工作。

(五)充分发挥党员和群众的积极性创造性,发现、培养和推荐他们中间的优秀人才,鼓励和支持他们在改革开放和社会主义现代化建设中贡献自己的聪明才智。

(六)对要求入党的积极分子进行教育和培养,做好经常性的发展党员工作,重视在生产、工作第一线和青年中发展党员。

(七)监督党员干部和其他任何工作人员严格遵守国家法律法规,严格遵守国家的财政经济法规和人事制度,不得侵占国家、集体和群众的利益。

(八)教育党员和群众自觉抵制不良倾向,坚决同各种违纪违法行为作斗争。

——摘自《中国共产党章程》

临时党支部的主要作用

充分发挥教师党支部的主体作用,是推动全面从严治党向基层延伸的必然要求。教育部华东高师师资培训中心在项目实施期间设立临时党支部,旨在为参加上海市属高校青年教师入职培训的教师党员搭建党内学习生活平台,提供相应服务管理机制。

中共教育部党组在关于加强新形势下高校教师党支部建设的意见中明确指出:要牢固树立党的一切工作到支部的鲜明导向,把党支部建设作为学校党建工作最重要的基本建设,把思想政治工作落到支部,把从严教育管理党员落到支部,把群众工作落到支部,努力使教师党支部成为教育党员的学校、团结群众的核心、攻坚克难的堡垒,使广大教师党员成为有理想信念、有道德情操、有扎实学识、有仁爱之心的好老师的表率。

着力发挥政治引领方面的主体作用。坚持把坚定正确的政治方向放在党支部建设的首位,坚持用党章党规规范党组织和党员行为,用习近平总书记系列重要讲话精神和治国理政新理念新思想新战略武装头脑、指导实践、推动工作,宣传执行党的路线方针政策和上级党组织的决议,不断增强教师党员的政治意识、大局意识、核心意识、看齐意识,使教师党员在思想上政治上行动上同以习近平同志为核心的党中央保持高度一致,坚定不移维护党中央权威和党中央的集中统一领导。

着力发挥规范党的组织生活方面的主体作用。坚持以党支部为基本单位,以"三会一课"为基本制度,以"两学一做"为基本内容,推动组织生活经常、认真、严肃,不断增强党内政治生活的政治性、时代性、原则性、战斗性。及时做好党员激励关爱帮扶等基础性工作,把纪律和规矩挺在前面,加强对教师党员教育、管理、监督和服务,引导教师党员追求道德高线、严守纪律底线,促进形成党员教师模范遵守师德规范、践行学术道德的良好风尚。

(具体活动的组织安排,各临时党支部可结合本期培训计划灵活开展。)

(三) 活动申请

线下活动申请表示例如下:

表 11-7　线下活动申请表

活动申请表	
发起人	
活动时间	
参与人数	
设备需求	
内容概要	

在线活动申请流程示例如下：

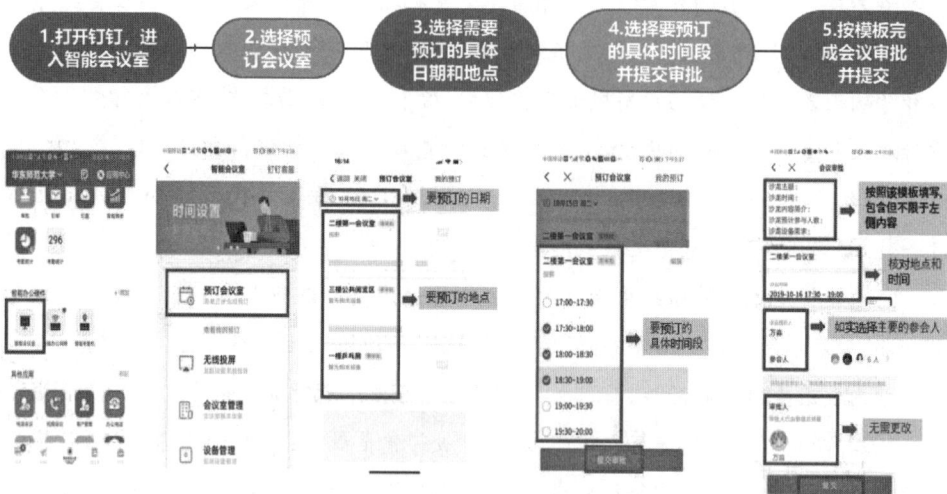

图 11‑6　在线活动申请流程示意图

往期民主生活会部分内容展示如下：

图 11‑7　往期民主生活会部分内容展示

（四）临时党支部纪要汇编

临时党支部工作计划示例如下：

第一临时党支部（1/2班）工作计划

为认真落实第十六期上海市属高校青年教师岗前培训要求，协助班委开展学习工作，带领班级学员，特别是党员同志做好思想政治理论学习工作，开展以班集体为单位的临时党支部组织生活，规范日常管理，团结班级成员，加强班集体凝聚力和向心力，确保圆满完成此次培训任务，经临时党支部会议讨论决议，特制定如下工作计划。

一、指导思想

以习近平总书记新时代中国特色社会主义思想为指导，坚持以科学发展观统领学校教育发展全局。贯彻党的十九大精神，树立和落实科学发展观，以学习实践科学发展观、保持共产党员先进性为主题，切实加强临时党支部党员的思想作风建设，充分发挥临时党支部党员的先锋模范作用，进一步提高班集体的创造力、凝聚力和战斗力，为确保此次培训的顺利开展和培训质量提供政治保证、精神动力和组织保障。

二、临时党支部责任分工

为加强组织领导，进一步确保培训期间班级各项活动顺利开展，特成立了1/2班临时党支部。临时党支部委员成员及责任分工如下：

支部书记：章家谊，全面负责培训期间临时党支部的日常运行工作，参考相关内容，制定临时党支部工作计划，组织召开支部委员会，带动班级党员学员、其他党派学员及无党派学员组织召开支部活动等。

组织委员：李夏雯，负责支部各项活动的组织、协调工作和班级其他各类活动的人员组织工作，做好相关材料的收集整理工作。

宣传委员：张君安，宣传党的方针、政策，关注时事热点，开展理论学习与理论支持；负责支部活动宣传工作，收集每次活动的相关素材，包括支部活动的摄影、摄像、文字材料的整理编辑及提交等。

三、具体工作计划

为深入细化临时党支部的各项工作任务，各支部成员应相互尊重、相互配合、相互学习，积极组织开展党支部组织活动，力争圆满完成此次上海市属高校教师岗前培训

的临时党支部各项任务,经临时党支部会议讨论决议,特制定如下工作计划:

(一)加强思想教育

学习和宣传党的路线、方针和政策,全面学习和理解党的十九大精神,充分发挥党员的先锋模范作用。学习国家重要领导人讲话精神,开展有关讲话精神的学习活动,通过讲思路、谈体会、找差距等方式,增强党员教师的育德意识和育德能力,发挥党员教师的先进性作用。

(二)加强支部建设

完善临时党支部管理制度,做到各支部委员既分工明确、各司其职,又能相互配合、相互补台。

在培训期间,本临时党支部计划至少召开三次临时党支部支委会。在培训初期召开一次支委会,明确各支部委员的分工、研究制定本支部的工作计划。在培训中期召开一次,交流和汇报班级成员的培训学习情况,明确支部组织生活会的安排。在培训结束前至少召开一次,对本支部在培训期间的工作进行全面、深刻的总结和反思。

(三)丰富活动建设

为提高班级培训学员,特别是教师党员的思想政治素质,坚定共产主义信念,树立远大理想,深刻理解新时代对高等教育的目标和要求,面对当今学科课程思政的大势所趋,培养高校教师的育德意识,提高其育德能力。深入学习贯彻习近平总书记教师节重要寄语精神,主动学习,广泛讨论。身为高校教师,联系工作实践,展开研讨、交流,谈谈心得,说说想法。

1921年,中国共产党成立。今年是中国共产党成立100周年的重要年头。为展现我们市属高校新进教师进入新时代拼搏进取、开拓创新的精神风貌,激励高校教师党员发挥先锋模范和典型带动示范作用,进一步延伸党性教育课堂,拓展党性教育视野,加强和拓展党性教育的广度和深度,我们班级计划组织关于建党百年的庆祝活动。我们临时党支部力争以多样、生动的方式开展组织生活,确保妥善组织安排好培训期间学员们的班集体组织生活会。

另外,积极与班级班委配合,协助班委举办学术沙龙,就教学、科研和工作中的其他问题开展充分研讨、交流,以便准备好最佳状态投入到后续的工作学习中。

1/2班临时党支部

临时党支部组织生活会示例如下：

"庆祝建党 100 周年"主题活动——追寻学员家乡的"红色记忆"

16 期第三临时党支部 5/6 班

表 11‐8　临时党支部生活会安排表

主题	"庆祝建党 100 周年"主题活动——追寻学员家乡的"红色记忆"
时间	2021 年 5 月 20 日 16:30—18:00
地点	国际汉语教学楼 413 教室
主持人	李晶
记录人	李晶
参与人员	16 期 5/6 班教师

图 11‐8　组织生活会活动海报

图 11‐9　支部书记李晶在主持活动

会议内容：

临时党支部书记李晶主持本次民主生活会,指出此次民主生活会是从学员角度出发,既能够让我们深入了解党史,也能够增加学员之间的互动与了解。

议程一：家乡"红色记忆"分享交流

1. 徐青远(上海政法学院)：我们现在熟知的国歌首先诞生在上海,而后传到大洋彼岸。

2. 程子龙(上海政法学院)：我的家乡在哈尔滨,有着浓厚的抗联文化,能够体现中华民族的英雄主义和爱国主义。

3. 徐青远(上海政法学院)：最近很火的电视剧《悬崖之上》就是以东北为背景的,我们可以了解更多当时的情景。

4. 李晶(上海政法学院)：我的家乡虽然在内蒙古,但在地理范围上属于东北地区。我的祖辈曾在当年的四平战场上抬过担架救过人。四平是一座英雄的城市,曾被炮弹夷为平地四次,但仍在炮火中崛起,值得我们敬佩。

5. 崔仕绣(上海政法学院)：我的家乡在湖北武汉,去年抗疫期间让我深切感受到了共产党和全国人民的爱心和帮助,正因为如此,才能有今天的秩序井然。欢迎大家来旅游!

......

议程二：会议总结

老师们分别介绍了家乡的"红色记忆",一方面是对家乡红色文化的了解,另一方面也为其他老师增添了对其他地区红色文化的认识。在交流互动过程中,我们对共产党的"建党100周年"有了更加深刻的认识,忆苦思甜,也相信我们会在党的领导下继续前行。

图 11-10 活动合影留念

三、学术沙龙

活动申请流程示例如下：

1、打开钉钉，点击进入模块 E　　**2、点击项目测试模块的学术沙龙活动**　　**3、按照以下格式填写申报信息**

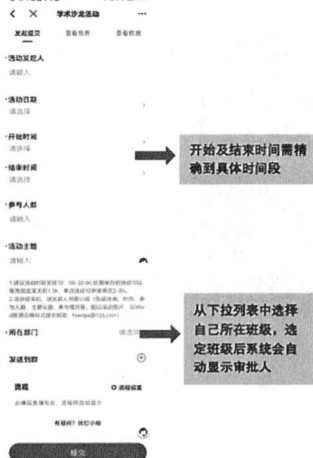

图 11‑11　学术沙龙活动申请流程

往期沙龙活动内容示例如下：

高校教师相关法律交流

——发起方：华东高师师资培训中心

表 11‑9　沙龙活动安排表

主题	高校教师相关法律交流
时间	2019 年 10 月 31 日　18:30—21:00
地点	教师之家宾馆三楼报告厅
主持人	张斌

主讲人	马明星
主办	华东高师师资培训中心
参与人员	13期全体青培教师

图11-12　张斌主持沙龙活动现场

活动内容：

2019年10月31日晚18:30到21:00于教师之家宾馆三楼报告厅，华东高师师资培训中心特邀上海光明律师事务所合伙人马明星老师做《高校教师相关法律交流》的主题沙龙。华东中心师训项目负责人张斌担任主持人，13期全体青培教师出席。

马明星老师首先肯定了教师的社会价值，师者"传道授业解惑"，高校教师更是带动文化前沿，承担太阳下最光辉的使命。然后马老师讲述了高校教师的权利和义务，权利包括：教育教学权、学术研究权、指导评价权、报酬待遇权、参与管理权、进修培训权。其中老师重点介绍了《教师法》中明确规定的"学术研究权"和"报酬待遇权"，即教师享有"从事科学研究，学术交流，参加专业的学术团体，在学术活动中充分发表意见"的权利；教师有"按时获取工资报酬，享受国家规定的福利待遇以及寒暑假期的带薪休假"的权利。高校教师的义务包含：遵纪守法、履行教育教学职责、对学生进行思想政治教育、爱护尊重学生、保护学生合法权益、提高业务水平。这些权利和义务和在场的青年教师密切相关，引人关注。接着马律师结合具体的教育领域的法律案例，运用"律师说法"进行法律知识详解，总共介绍了四个典型的相关案例，第一是茅盾手稿侵权案，第二是高校出版社侵害著作财产权纠纷，第三是高校劳动争议案，第四是高校人事争议上诉案。知识侵权、财产权纠纷、劳动争议、人事争议上诉这四个不同方面的具体案例，和在场教师的权益息息相关，发人深省。

图 11‐13　马明星老师做讲座现场

图 11‐14　学员在沙龙活动现场认真听课

最后马老师从律师角度,对教师权益的法律保护进行详细解读。《教师法》中的行政法律救济程序主要体现在教师的申诉制度上。教师权益相关的法律法规有《中华人民共和国教育法》《中华人民共和国义务教育法》《中华人民共和国教师法》《中华人民共和国高等教育法》等。马老师分别从《教师法》、民法保护、行政法律保护三个层面介绍了高校教师权益的保护。马老师寄语在座的青年教师要做到"亦师亦友,光明随行"。现场掌声热烈,互动频繁,参训学员纷纷表示受益匪浅,学到很多切身相关的法律知识和技能,对于今后的职业生涯很有帮助。

学术与文化沙龙活动纪要汇编示例如下:

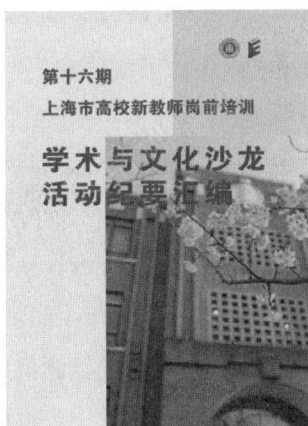

目　录

图 11‐15　往期学术沙龙活动汇编

四、特色用餐

(一) 主题用餐

主题用餐文化是高师培训项目的特色之一,项目组在每周三晚餐时间推出当周的主题用餐,不同的食材与烹饪方法使美味与营养交相辉映。主题用餐品类丰盛,提供了诸如水产品系列、面食系列、豆制品系列、西式点心等多种多样的类型,让学员在培训学习之余,一饱味觉与视觉的盛宴。

图 11-16 特色菜品示例

(二) 下午茶活动

下午茶活动是高师培训项目的又一特色,目的是通过营造良好的沟通氛围,帮助学员劳逸结合,让他们在紧张的学习之余进行适当的放松调整。结合前期调研的学员需求反馈结果,在下午茶的选取上,我们优先选择天然健康少添加剂的食物,选择国际知名品牌产品或其他优质商家作为供货商,保障学员的饮食健康安全。活动结束后项目组会进行专项调研,根据调研情况在下一次的活动中进行调整优化。示例如下:

高师 12 期下午茶活动评教报告

在本期培训中,我们首次开展了下午茶活动,让学员们在学习之余得到适当的放松,除了补充基本能量外,同时借助下午茶创造良好的沟通氛围,让学员们劳逸结合,更好地达到教学相长的目的。为充分了解学员们对于下午茶活动开展的满意度,并进一步完善下午茶活动,我们在活动开展期间进行了问卷调研工作,结果反馈如下:

表 11 - 10　两期下午茶活动满意度评价量化结果

评价内容	食品味道	饮品味道	下午茶包装	品类选择	时间安排	场地安排
第一期分数	88.2	87.5	90.1	85.2	88.7	89.5
第二期分数	52.4	54.6	55.8	52.4	76.9	76.9
总得分	74.8					

根据量化结果,我们了解到学员们对于两期下午茶活动开展的满意度评价差异较大,一期的满意度良好,二期活动的评价整体大幅度下降,未达到预期水平,特别是在食品选择方面的评价偏低。

为找到根本问题,我们对学员们的反馈作了进一步分析,细化来看,学员们的男女比例为 1∶1,年龄范围在 20—40 岁之间,学员们对食品的健康和选择多样性方面比较看重,食品的成分如糖分含量、添加剂类型是学员们主要的考量内容;饮品上偏向于常温的果汁等天然饮品;活动开展形式上偏向于集体用餐,安排时间上倾向于在课间休息时预留出一定时间进行。

图 11‑17　下午茶活动现场

根据学员们的需求反馈,我们总结了后续开展下午茶活动的改进意见:① 调整品类选择:食品方面选择品牌产品或其他更有资质的商家,饮品上选择少添加剂的健康饮品,少糖少冰;增加种类,选择多样化,满足不同人群的需求。② 加强食品安全监督:避免肉制品等因保鲜不当而造成安全隐患。③ 组织形式改进:组织集体用餐,为学员们创造更多的交流机会。

五、调查问卷

(一) 调研系统与调研目的

1. 调研系统:师训 2.0 评估考核系统

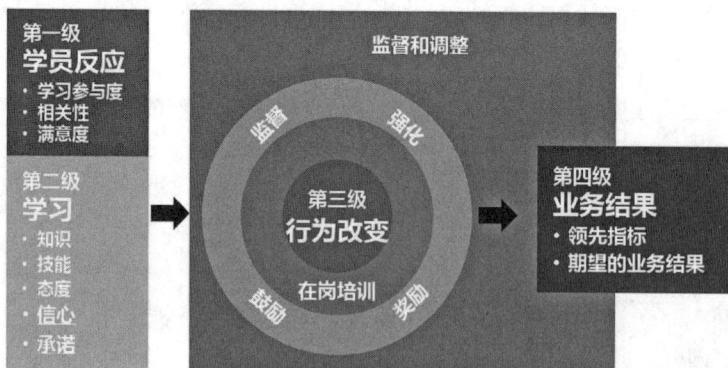

图 11‑18　问卷设置系统示意图

师训 2.0 评估考核系统是一套基于柯氏四级评估原始模型,结合培训人员特性革新而成的,适用于师训项目的特色评估考核体系。评估体系分为四级"Reaction:反应评估、Learning:学习评估、Behavior:行为评估、Result:结果评估"。问卷内容以四级评估体系为基准设置,原系统采用问卷调研法,调研工具为纸质评估问卷,这类调研方法操作难度低,调研结果直观,但纸质的一手数据在后续保存上占用了大量的空间,存储和维护的成本高且流失风险高,人工处理分析数据也存在局限性和误差风险。相较于原始的评估考核,革新后的系统具有考核工具无纸化、考察内容全面化、考核结果精确化的特点,能更全面地考察学员们对于课程内容与教学形式的满意度,并收集改进意见进行整改。

2. 调研目的

项目组在培训项目实施的前期、中期、后期设计了不同类型的调查问卷,有助于及时广泛地了解学员培训需求,实时高效地掌握学员学习动态及教师教学情况,及时发现问题、解决问题,不断提高培训能力,总结提炼宝贵经验,并应用到下一阶段的培训中。

(二) 项目问卷

1. 项目前期问卷

项目前期问卷有两个:高校新教师基本情况调查、高校新教师培训学员情况调查。项目组在培训开始之前组建信息联络群,对学员基本情况展开调查,内容包括但不限于个人政治面貌、身心状况、家庭情况、教学经验、对教学的看法和态度、对培训的期望等。示例如下:

示例 1:高校新教师基本情况调查问卷(部分内容展示)

一、个人情况

1. 您的性别:

　　A. 男　　　　　　　　B. 女

2. 您的年龄:

　　A. 30 岁以下　　　　　B. 31—35 岁　　　　C. 36—40 岁　　　　D. 40 岁以上

3. 您的教育程度：

    A. 本科　　　　　B. 硕士　　　　　C. 博士　　　　　D. 博士后

4. 您的最高学位的授予学校是：

    A. 国外高校　　　B. 国内 985 或 211 院校　　　C. 国内其他院校

二、教学经验

1. 您在研究生学习期间，是否获得过教师资格证书：

    A. 是　　　　　　B. 否

2. 您在研究生学习期间，是否旁听过教育学、心理学等教育教学方面的课程：

    A. 是　　　　　　B. 否

3. 您在教学方面的经验是(可多选)

    A. 我在研究生学习期间做过教学助理　　B. 我曾独立教过一门或多门课程

    C. 我曾在高校独立承担过教学工作　　　D. 我没有任何教学经验

    E. 其他＿＿＿＿＿＿＿＿＿＿＿＿＿＿＿＿＿＿＿＿

4. 您在授课过程中采用的教学方法是：

    A. 较便捷相对传统的教学方法(一本教材、一本教案、一块黑板、一支粉笔等)

    B. 使用计算机等现代教育技术与传统教学方法相结合　C. 其他(请填写)：

    ＿＿＿＿＿＿＿＿＿＿＿＿＿＿＿

5. 您在授课过程中采取的教学手段有：

    A. 单纯的课堂讲授　　　　　　　　B. 制作课件并借鉴同行的方法

三、对教学的看法和态度

1. 我认为教学工作是我的学术职业中有意义的一部分

    A. 非常不符合　　B. 不符合　　　C. 不确定　　　D. 符合

    E. 非常符合

2. 教学工作仅仅需要具备一般能力

    A. 非常不符合　　B. 不符合　　　C. 不确定　　　D. 符合

    E. 非常符合

3. 教学工作所要求的不仅仅是具备学科专业知识

    A. 非常不符合　　B. 不符合　　　C. 不确定　　　D. 符合

E. 非常符合

4. 教学是一项机械重复的工作

    A. 非常不符合   B. 不符合   C. 不确定   D. 符合

    E. 非常符合

5. 教学是一项能带给我很多快乐的工作

    A. 非常不符合   B. 不符合   C. 不确定   D. 符合

    E. 非常符合

四、培训期望

1. 您参加过哪个级别的教师新入职培训：

    A. 国家级   B. 市级   C. 区级   D. 校级

    E. 没参加过

2. 您曾参加过的各类培训中印象最深、收获最大的是：（请填写）

    组织单位：_____   培训主题：_____   培训时间：_____

3. 您认为新教师最需要培训的内容是：

    A. 教学组织能力   B. 教学科研能力

    C. 职业道德精神   D. 专业发展规范

    E. 教育教学前沿理论   F. 情商培养与教学心理

4. 您认为新教师在工作之初遇到的最大困难和困惑是：

    A. 教学设计与评价能力   B. 教学理念和行为转变

    C. 师生和谐相处与组织管理   D. 课堂有效管理能力

    E. 学生学习效果提升

5. 在"教育教学专业能力"方面，您认为目前较欠缺的方面是：（最多选4项，按照优选顺序填写）

    A. 多媒体、信息网络的应用能力   B. 对教学内容理解与把握的能力

    C. 教育科研和论文撰写能力   D. 运用现代教育教学评价能力

    E. 课堂教学过程的组织与监控能力   F. 课堂教学活动的实施能力

    G. 设计教学模式、实施教学方案的能力   H. 科学的教育方法和创新教育能力

    I. 人际交往与师生沟通能力   J. 其他（请填写）：_____

示例2：上海市属高校新教师培训学员情况调查（部分内容展示）

各位教师，大家好！

首先，恭喜各位成为光荣的人民教师。xx中心很荣幸成为此次培训的承办方，因此，我们希望能够详细了解各位教师的情况，以便于安排培训的各项工作，做好应急预案，为大家提供满意的培训服务。

我们真诚希望各位教师能够据实填写本问卷，你们的信息将会得到严格保密，谢谢各位教师的理解与合作。

1. 您的政治面貌是

　○中国共产党员　　　○共青团员　　　　○民主党派成员　　　○群众

2. 您的婚姻状况是

　○未婚　　　　　　　○已婚　　　　　　○离异　　　　　　　○丧偶

3. 您是否处于怀孕期？

　○是　　　　　　　　○否

4. 本学期内（10—12月）您是否有结婚计划？

　○是　　　　　　　　○否

5. 您是否有重大疾病史？

　○是　　　　　　　　○否

2. 项目中期问卷

项目中期问卷有十一个：东方绿舟拓展训练调查问卷、新教师心理评估表、人体脊柱整体健康状况量化评估表（个人基础风险值测算）、人体脊柱整体健康状况调研问卷-临床症状采集、专题讲座学员评教问卷、（行动学习分班）评教问卷、青年教师入职培训评教问卷、校本研修前期进程调研问卷、校本研修中期进程调研问卷、校本研修后期调研问卷、心理健康与职业能力测试。受篇幅限制，以下仅选取部分展示。

示例1：高师X期东方绿舟拓展训练调查问卷

此次调查针对拓展训练设计，请根据您参与训练的实情回答问题，便于我们将来制定更好的拓展训练，谢谢您的合作。

1. 您所在的班级是

○1 班　　　○2 班　　　○3 班　　　○4 班　　　○5 班　　　○6 班　　　○7 班

○8 班　　　○9 班　　　○10 班

2. 您的性别：

○男　　　○女

3. 您的年龄段：

○18 岁以下　　○18～25 岁　　○26～30 岁　　○31～40 岁　　○41～50

岁　　○51～60 岁

4. 您对此次拓展训练的整体评价是

［输入 0（非常不满意）到 100（非常满意）的数字］ * _____

_____

5. 您对此次拓展活动时间安排的评价是

○非常满意　　　○ 满意　　　○ 不好说　　　○ 不满意　　　○ 非常不满意

_____ *

（请您在此处填写下选择此项的原因，谢谢！）

示例2：上海新教师心理评估表

第一部分　一般临床资料

指导语：

本表为一般临床资料收集专用，收集的目的是对您有更多的了解。下列题目中若有不符合您现状的题目可以不填（如：婚姻中有无重大事件发生？若您还未结婚，那么这道题您可以不填）。有些题目下面有一个划分为十个刻度的标尺，最左端为 0，表示最差，最右端为 10，表示最好，您可以在您认为适当的位置以"｜"号在标尺上作出标记（请注意每个标尺只能画上一个"｜"）。对于一些题目可以复选（如：您会用哪几个词来形容您的母亲？A. 温柔　B. 严厉　C. 亲近　D. 疏远　E. 坚强　F. 柔弱　G. 其他）。

以下内容请如实填写，并且您可以放心，您填写的内容是严格保密的。

一、一般资料

（一）人口学资料

姓名：　　　　性别：　　　　年龄：

175

出生地：　　　　　出生日期：　　　　民族：

最高学历：　　　　婚姻状况：　　　　宗教信仰：

联系方式：

现住地：

（二）生活状况

（1）家庭人均月收入

    A. 1 000—3 000 元　　　　　　　B. 3 000—5 000 元

    C. 5 000—10 000 元　　　　　　　D. 10 000 元以上

（2）日常活动内容及场所

    A. 家庭　　　　B. 工作　　　　C. 社交　　　　D. 其他

（3）生活方式及习惯

    A. 封闭　　　　B. 开放　　　C. 介于两者之间　　D. 其他

（4）近期生活方式有无重大改变？

    A. 有：_____　　B. 无　　　C. 有改变但不算重大

（三）婚姻家庭

（1）婚姻状况

    A. 未婚　　　　B. 已婚　　　　C. 离异　　　　D. 丧偶

（2）您对目前婚姻状况是否满意？

    不满意+----+----+----+----+----+----+----+----+----+----+ 满意

    0　　　　　　　　　　5　　　　　　　　　10

（3）婚姻中有无重大事件发生？

    A. 有：_____　　B. 无　　　C. 有改变但不算重大

（4）自己在家庭中的作用与地位？

    A. 支配者　　　　B. 被支配者　　　C. 关系协调者　　　D. 其他

（四）工作情况

（1）您对目前工作的兴趣？

    没兴趣+----+----+----+----+----+----+----+----+----+----+兴趣十足

    0　　　　　　　　　　5　　　　　　　　　10

（2）目前的工作是您的理想工作吗？

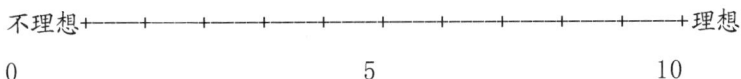

不理想+——+——+——+——+——+——+——+——+——+——+理想

0　　　　　　　　　　　　5　　　　　　　　　　　　10

（五）社会交往

（1）您有几个要好的朋友？

  A. 没有好朋友　　　B. 一两个　　　　C. 三五个　　　　D. 很多

（2）您社交兴趣和社交活动的主要内容？

  A. 休闲娱乐　　　　　　　　　　B. 与工作相关的事情

  C. 介于两者之间　　　　　　　　D. 其他

（3）您对自己的社交关系满意吗？

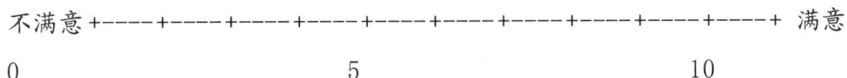

不满意+----+----+----+----+----+----+----+----+----+----+ 满意

0　　　　　　　　　　　　5　　　　　　　　　　　　10

（六）娱乐活动

（1）您有特别感兴趣的活动吗？

  A. 有：_____　　　　　　　B. 没有

  C. 很多　　　　　　　　　　　　D. 有,但不是特别感兴趣

二、个人成长史

（1）您最早的记忆是在什么时候？

  A. 1 岁　　　　B. 2 岁　　　　C. 3 岁　　　　D. 4 岁

  E. 5 岁　　　　F. 其他

（2）您会用哪几个词来形容您的母亲？

  A. 温柔　　　　B. 严厉　　　　C. 亲近　　　　D. 疏远

  E. 坚强　　　　F. 柔弱　　　　G. 其他

（3）您会用哪几个词来形容您的父亲？

  A. 温柔　　　　B. 严厉　　　　C. 亲近　　　　D. 疏远

  E. 坚强　　　　F. 柔弱　　　　G. 其他

（4）在家里您更像谁？

  A. 父亲　　　　B. 母亲　　　　C. 其他亲人　　　D. 不知道

(5) 您父母通常怎样管教您呢?

    A. 专制   B. 民主   C. 放任   D. 其他

第二部分　评估量表

一、症状自评量表(SCL-90)

指导语:以下列出了有些人可能会有的问题,请仔细地阅读每一条,然后根据最近一星期以内的实际感觉,在每个问题后标明该题的程度得分。其中,"没有"选1,"很轻"选2,"中等"选3,"偏重"选4,"严重"选5。

题　目	选　择
1. 头痛。	1-2-3-4-5
2. 神经过敏,心中不踏实。	1-2-3-4-5
3. 头脑中有不必要的想法或字句盘旋。	1-2-3-4-5
4. 头昏或昏倒。	1-2-3-4-5
5. 对异性的兴趣减退。	1-2-3-4-5
6. 对旁人责备求全。	1-2 3-4-5
7. 感到别人能控制您的思想。	1-2-3-4-5
8. 责怪别人制造麻烦。	1-2-3-4-5
9. 忘记性大。	1-2-3-4-5
10. 担心自己的衣饰整齐及仪态的端正。	1-2-3-4-5
……	

示例3:人体脊柱整体健康状况量化评估表(个人基础风险值测算)

人体脊柱健康评估的意义:

1. 脊柱不仅是人体的重要支撑结构,也是所有运动、感觉及内脏神经的汇集之地。一旦其结构或功能出现异常,将会引发一系列的健康危害;

2. 当今时代人们低头伏案、长期久坐是最容易导致脊柱损伤的工作和生活方式，脊柱疾病已呈暴发式流行；

3. 对于脊柱高风险人群的脊柱健康状况进行全面、系统和专业的评估检测，既有助于发现有无先天性或发育性的结构异常，也能够及时了解有无后天使用不当造成的损伤，从而确定风险等级，进行及时有效的防治。

脊柱健康评估的三个实施步骤：

1. 问卷评估(初级筛查)：个人基础风险值(10 分)＋临床症状采集(25 分)；

2. 体格检查(二级筛查)：由专业人员进行脊柱柔韧性、稳定性和平衡性以及有无组织损伤的评估(45 分)；

3. 医学影像(三级筛查)：根据一二级评估的结果，由评估人员制定进一步影像学检查的部位(20 分)；

评估结果：优、良、中、差、不及格(即病理状态)，分值越高脊柱健康状况越好，反之则越差。

评估表说明：

请根据自身实际情况如实填写您的相关信息，问卷的得分情况将初步反映您目前的脊柱健康状况，谢谢！

基本信息

姓名：_____　　性别：_____

出生日期：____年____月____日

联系电话：_____

E-mail：_____　　职业：_____　［填空题］＊

既往病史［单选题］＊

○无　　○高血压　　○糖尿病　　○心血管疾病　　○甲亢　　○其他疾病

特殊治疗［单选题］＊

○无　　○有(如心脏支架、脊柱开放手术等)：_____　＊

药物使用［单选题］＊

○无　　○有（请填写现长期服用的药物名称）：＿＿＿＿＿＿＿＿　＊

温馨提示（女性）请问您是否处于孕期或者正在备孕？［单选题］＊

○否　　○是

基础内容

1. 年龄［单选题］＊

　　a. 20—30 岁　　　b. 31—40 岁　　　c. 41—50 岁　　　d. ＞50 岁

2. 平均每天累计坐的时间［单选题］＊

　　a. ≤2 小时　　　　　　　　　b. ＞4 小时

　　c. ＞6 小时　　　　　　　　　d. 经常且≥8 小时

3. 平均每晚持续睡眠时间［单选题］＊

　　a. ≥8 小时　　　　　　　　　b. ＜8 小时

　　c. ＜6 小时　　　　　　　　　d. ＜5 小时且经常熬夜

4. 平均每天主动锻炼时间［单选题］＊

　　a. ≥1 小时　　　b. ＜1 小时　　　c. ＜30 分钟　　　d. 从不锻炼

身高：＿＿＿＿ cm　　体重：＿＿＿＿ kg

【备注：BMI 计算公式：BMI＝体重(kg)/身高^2(m)】

5. BMI 体重指数：［单选题］＊

　　○正常：18.5—24.9　　○过重：25.0—29.9　　○肥胖：30—40　　○严重
肥胖：≥40

基础分值（请计算并填写下您 1—5 题的加总分值）：

○优：≥9 ＿＿　＊　　○良：≥7 ＿＿　＊　　○中：≥5 ＿＿　＊　　○差：≥3
＿＿　＊　　○不及格：＜3 ＿＿　＊

＊温馨提示：

1. 脊柱健康水平与个人的年龄、体重和生活习惯密切相关；

2. 不同体位下承受的压力不同，站立位是平卧位的 4 倍，而坐位是站立位的 1.5
倍，因此久坐伤腰，劝君莫要坐失良脊！

3. 本项得分如果低于 3 分，说明您已经属于脊柱疾病的高危人群了，即使还没有出现明显的症状,也需要引起高度重视!

示例4:人体脊柱整体健康状况调研问卷-临床症状采集部分内容展示

主观症状分值(总分=100分;权重比=30%;分解分值:a=2.5分 b=2分 c=1.5分 d=1分)注明:1.需排除已经确诊的特殊内脏疾病;2.括号内T代表两侧、R代表右侧、L代表左侧。

您的姓名:[填空题] *

_____

1. 头痛/偏头痛(T/R/L)[单选题] *

    分值:a=2.5　b=2分　c=1.5分　d=1分

    a. 无　　　　　　　b. 偶发　　　　　　c. 频发　　　　　　d. 持续存在

2. 头昏/眩晕[单选题] *

    a. 无　　　　　　　b. 偶发　　　　　　c. 频发　　　　　　d. 持续存在

3. 记忆力[单选题] *

    a. 正常　　　　　　b. 轻度减退　　　　c. 明显减退　　　　d. 严重下降

4. 颈、肩酸/痛(T/R/L)[单选题] *分值:

    a. 无　　　　　　　　　　　　　b. 轻度

    c. 中度/活动稍受限　　　　　　d. 严重/活动明显受限

5. 落枕[单选题] *分值:

    a. 无　　　　　　　b. 偶有　　　　　　c. 频发易缓解　　　d. 频发不易缓解

    ……

主观症状总分值:_____▲权重分值:_____分【权重比=30%】[填空题] *

示例5:上海市属高校青年教师入职培训(x期)专题讲座学员评教问卷

尊敬的学员,您好!

为了解您对本次培训专题讲座效果的意见和建议,不断改进我们的培训工作,请您客观地评价专家的培训过程及效果,问卷中从低分1到高分5表示满意程度的由低到高。请根据您的实际情况选择。感谢您对我们工作的大力支持与配合!【评价等级说明】1分—非常差;2分—差;3分—一般;4分—好;5分—非常好

(单位名称)

202x 年 x 月 x 日

1. 您的班级是:

   ☐1 班　☐2 班　☐3 班　☐4 班　☐5 班　☐6 班　☐7 班　☐8 班
   ☐9 班　☐10 班

2. 态度认真,准备充分

   ☐1 分　　　☐2 分　　　☐3 分　　　☐4 分　　　☐5 分

3. 内容充实,信息丰富

   ☐1 分　　　☐2 分　　　☐3 分　　　☐4 分　　　☐5 分

4. 语言精练,表达准确

   ☐1 分　　　☐2 分　　　☐3 分　　　☐4 分　　　☐5 分

5. 条理清晰,重点突出

   ☐1 分　　　☐2 分　　　☐3 分　　　☐4 分　　　☐5 分

6. 观点明确,富有启发

   ☐1 分　　　☐2 分　　　☐3 分　　　☐4 分　　　☐5 分

7. 深入浅出,联系实际

   ☐1 分　　　☐2 分　　　☐3 分　　　☐4 分　　　☐5 分

8. 气氛融洽,环境和谐

   ☐1 分　　　☐2 分　　　☐3 分　　　☐4 分　　　☐5 分

9. 您的其他建议:

示例6:上海市属本科高校青年教师入职培训第 x 期

(行动学习分班)评教问卷-[授课老师姓名]

尊敬的学员,您好!

　　对本次培训项目任课教师的教学工作给予评价是您的权利,开展评教工作的主要

目的在于将你们的意见反馈给任课老师和教学管理部门,以便帮助教师改进教学工作,并为你们提供更优质的教学服务。因此,请务必认真对待,客观评价。【评价等级说明】1分—非常差;2分—差;3分—一般;4分—好;5分—非常好

(单位名称)

xxxx 年 x 月 x 日

1. 学习目标明确

   □1分　　　□2分　　　□3分　　　□4分　　　□5分

2. 学习内容重点突出

   □1分　　　□2分　　　□3分　　　□4分　　　□5分

3. 课堂氛围适合学习

   □1分　　　□2分　　　□3分　　　□4分　　　□5分

4. 课堂教学节奏张弛有度

   □1分　　　□2分　　　□3分　　　□4分　　　□5分

5. 课堂语言准确规范

   □1分　　　□2分　　　□3分　　　□4分　　　□5分

6. 课堂提问的问题恰当

   □1分　　　□2分　　　□3分　　　□4分　　　□5分

7. 能有效激发我的学习兴趣

   □1分　　　□2分　　　□3分　　　□4分　　　□5分

8. 能够根据需要使用教学辅助手段

   □1分　　　□2分　　　□3分　　　□4分　　　□5分

9. 能够提供或推荐有助于学习的参考书目和补充材料

   □1分　　　□2分　　　□3分　　　□4分　　　□5分

10. 我在知识上有新的收获

    □1分　　　□2分　　　□3分　　　□4分　　　□5分

11. 我学会了在未来工作中能够实际运用的教学技能

    □1分　　　□2分　　　□3分　　　□4分　　　□5分

12. 总体上,我对这位任课教师的教学工作感到满意

□1分　　□2分　　□3分　　□4分　　□5分

13. 您的其他建议：

_____

示例7：上海市属高校青年教师入职培训评教问卷

各位老师好，为了更好地达到培训目标，我们设计本问卷以调查培训教师教学情况。请根据真实教学情况给予客观评价，谢谢老师们的配合。

注意：所有题目为"必答题"，任何一题不答都无法提交，谢谢您的合作。

1. 您所在的班级是：

　○1班　　○2班　　○3班　　○4班　　○5班　　○6班　　○7班
　○8班　　○9班　　○10班

2. 本节课教学设计完整，教学过程与教学目标相一致。

　○非常符合　○符合　○一般　○不符合　○非常不符合_____　*
　（请填写下选择此项的原因，我们会及时做出改进，谢谢！）

3. 本次教学教师使用了多种教学技术、教学策略呈现教学内容。

　○非常符合　○符合　○一般　○不符合　○非常不符合_____　*
　（请填写下选择此项的原因，我们会及时做出改进，谢谢！）

4. 教师使用的课程资源、教学案例、教学技术及教学方法与教学内容相匹配。

　○非常符合　○符合　○一般　○不符合　○非常不符合_____　*
　（请填写下选择此项的原因，我们会及时做出改进，谢谢！）

5. 教学内容与工作实践结合紧密，有助于解决工作中的实际问题。

　○非常符合　○符合　○一般　○不符合　○非常不符合_____　*
　（请填写下选择此项的原因，我们会及时做出改进，谢谢！）

6. 教师仪表仪态恰当、合适；语言表达准确、规范；声音清晰、语速适中。

　○非常符合　○符合　○一般　○不符合　○非常不符合_____　*
　（请填写下选择此项的原因，我们会及时做出改进，谢谢！）

7. 教师在教学时热情投入，在教学过程中关注学生，引导学生参与教学，主动学习。

○非常符合　○符合　○一般　○不符合　○非常不符合＿＿＿＿＿＿ *

（请填写下选择此项的原因，我们会及时做出改进，谢谢！）

8. 针对本次教学主题，您想要增加哪些内容？

＿＿＿＿＿＿＿＿＿＿＿＿＿＿＿＿＿＿＿＿＿＿＿＿＿＿＿＿＿＿＿＿＿

9. 针对本节课的教学，您希望教师有哪些改变？

＿＿＿＿＿＿＿＿＿＿＿＿＿＿＿＿＿＿＿＿＿＿＿＿＿＿＿＿＿＿＿＿＿

10. 针对本节课的教学，您认为有什么需要改进的地方？

＿＿＿＿＿＿＿＿＿＿＿＿＿＿＿＿＿＿＿＿＿＿＿＿＿＿＿＿＿＿＿＿＿

示例8：校本研修前期进程调研问卷部分内容展示

各位老师好，为调查各位对校本研修这一模块的了解情况、完成进度以及集中研修模块与校本研修之间的联系，我们设计了本次问卷，请大家根据真实情况填写，谢谢配合！

1. 请问您的所在单位是？

＿＿＿＿＿＿＿＿＿＿＿＿＿＿＿＿＿＿＿＿＿＿＿＿＿＿＿＿＿＿＿＿＿

2. 请问您是否有收到学校下发的关于开展校本研修的通知？

○是，下发部门为 ＿＿＿＿＿＿＿＿＿ *　　○否

3. 请问您针对校本研修做了哪些前期工作？

＿＿＿＿＿＿＿＿＿＿＿＿＿＿＿＿＿＿＿＿＿＿＿＿＿＿＿＿＿＿＿＿＿

4. 请问您是否了解校本研修计划及主体内容

○非常了解　　○比较了解　　○一般　　○不太了解　　○非常不了解

5. 您认为校本研修的主体内容与集中研修内容是否有衔接？

＿＿＿＿＿＿＿＿＿＿＿＿＿＿＿＿＿＿＿＿＿＿＿＿＿＿＿＿＿＿＿＿＿

示例9：校本研修中期进程调研问卷

各位老师好，现在已经进入了各院校校本研修的阶段，为调查校本研修这一模块的开展情况，我们设计了本次问卷，请大家根据真实情况填写，谢谢配合！

1. 请问您的所在学校、院系是？

2. 贵校在校本研修实施环节是否有设置考勤?

　　○是　　　○否

3. 请问您所在学校是否有下发关于校本研修开展实施的具体方案?

　　○是 ＿＿＿＿＿＿＿＿＿＿＿　*　　○否

4. 请问您所在学校开展校本研修的方式有哪些? [多选题] *

　　□主题研讨式　□团队沙龙式　□专题讲座式　□课堂观摩式(讲课,备课与评课)　□案例分析式　□自修反思式　□其他 ＿＿＿＿＿＿＿＿＿＿＿ *

5. 校本研修中是否有思政德育方面的内容?

　　○有 ＿＿＿＿＿＿＿＿＿＿＿　*　　○无

6. 通过校本研修您得到了哪些来自学科和专业上的成果和收获?

7. 从校本研修的实施现状看,是否与集中研修形成统一体系?

　　○是　　　○否

8. 从课时统计的角度看,在过去的时间里,您已接受＿＿＿＿＿＿课时的校本研修培训?　　(8课时/天)

9. 校本研修环节的成绩是由各自学校提供的,请问您了解分值构成的依据吗?

　　○了解,依据是 ＿＿＿＿＿＿＿＿＿＿＿　*　　○不了解

10. 您对目前学校开展的校本研修的内容安排是否满意?

　　○非常满意　　○满意　　○一般　　○不满意　　○非常不满意

11. 您对目前校本研修开展的时间安排是否满意?

　　○非常满意　　○满意　　○一般　　○不满意　　○非常不满意

12. 您对目前学校组织的校本研修的总体评价是?

　　○非常满意　　○满意　　○一般　　○不满意　　○非常不满意

13. 在校本研修的后期培训中您希望增加哪些内容?

14. 对校本研修环节的开展您有哪些意见或者建议?

示例 10：校本研修后期调研问卷

各位老师好,目前各院校校本研修已经结束,为调查各位对于校本研修这一模块开展的满意度情况,进一步完善校本研修培训,使其更能适合教师发展的实际需求,我们设计了本次问卷,请大家根据真实情况填写,谢谢配合!

1. 请问您的所在学校、院系是?

_____

2. 请用一句话描述您在校本研修阶段的感受:

_____

3. 您所在高校的校本研修,与集中学习阶段的衔接情况是:

　　○内容紧密衔接,极大促进了对集中学习阶段理论和知识的理解与把握

　　○内容有效衔接,较好地促进了对集中学习阶段理论和知识的理解与把握

　　○内容有所衔接,对理解把握集中学习阶段理论和知识有一定帮助

　　○内容不太相关或重复,对理解把握集中学习阶段理论和知识帮助不大

　　○安排不太科学,对理解把握集中学习阶段理论和知识没有帮助

　　○其他

4. 您认为以下哪些帮助是通过校本研修培训获得的?［多选题］

　　□运用所学知识参与教学实践　　□运用所学知识参与课堂教学观摩　　□与本学科专业同行教师交流　　□明确教师发展不同阶段尤其是近阶段的教学及科研要求　　□其他 _____ *

5. 经过这一阶段的研修,您对于高校教学工作的理解与校本研修实施成果正向相关这一说法是否认同?

　　○非常符合　　　○符合　　　○说不清　　　○不符合　　　○非常不符合

6. 您认为以下哪些方面的能力提升是通过校本研培训获得的?　*［多选题］

　　□课堂讲授能力　□教学研究能力　□专业研究能力　□教学设计能力　□教学方法使用　□调动学生学习积极性能力　□评价学生学习效果的能力　□信息技术在教学中的应用能力　□沟通与表达能力　□个人发展规划能力　□其他 _____ *

7. 您个人研修计划实施的情况是:

○全面完成　　　　○较好完成　　　　○没有完成

○完成部分　　　　○做了较大调整　　○其他 _____

8. 校本研修内容之外,您校本研修期间在校常参与的工作(1—3 项)是:[多选题] *

□参加行政事务类会议　□指导或参与指导学生毕业论文　□协助院系教学管理人员的事务性工作　□学术活动(学术会议、学术阅读与写作、参与课题与项目申报等)　□参与或独自教学授课任务

3. 项目后期问卷

项目后期问卷有两个:校本导师信息登记表、高校新教师岗前培训项目满意度问卷。示例如下:

示例 1:上海市属高校青年教师入职培训(总第 XX 期)校本导师信息登记表

登记注意事项:

1. 登记信息涉及导师指导费申报需要,导师的身份证号码、银行卡号、银行卡联行号必须核对准确。如若信息错误导致支付失败,责任自负,谢谢。

2. 本次问卷使用加强加密账号,并已上传中心相关负责人身份证进行实名认证,相关信息按照中心规定严格保密并仅在项目组负责人中交接,请各位老师放心填写个人信息,谢谢!

一、学员信息部分

1. 姓名

_____

2. 学号(请按照《学员手册》中"学员通讯录"中的学号填写)

_____

3. 学校

_____

4. 专业

_____

5. 班级

○1 班　○2 班　○3 班　○4 班

○5 班　○6 班　○7 班　○8 班

○9 班　○10 班

6. 手机号码

_____

7. 邮箱

_____

8. 主要研究领域

_____

9. 主要研究成果

_____

二、导师信息部分

10. 姓名[请填写导师的信息]

_____

11. 手机号码[请填写导师的信息]

_____

12. 职称[请填写导师的信息]

_____

示例2：上海市属高校新教师岗前培训项目满意度问卷

老师，您好！

此问卷是针对本次培训的整体情况设定，请您根据培训的实际情况评分，并对培训的相关工作提出宝贵意见，以便于我们更好地安排将来的培训工作。

注意：所有题目为"必答题"，如果有一题没有答，则无法提交。

1. 性别

　　○男　　○女

2. 年龄

　　○25 岁以下　　○25—30 岁　　○30—35 岁　　○35 岁以上

3. 你所在的学科领域为

　　○哲学　　○经济学　　○法学　　○教育学　　○文学　　○历史学

　　○理学　　○工学　　○农学　　○医学　　○军事学　　○管理学

　　○艺术学

4. 你是否接受过"专业课教学"为主题的培训？

　　○是　　○否

5. 此次培训之初，你是否已经了解此次新教师岗前培训的各项内容？

　　○是　　○否

6. 你通过哪种方式了解本次培训的安排、组织与管理？[多选题] *

　　□项目运营介绍　　□学员手册　　□其他

7. 你对本次高校新教师岗前培训的总体评价为[输入 0（非常不满意）到 100（非常满意）的数字] *

_____

8. 经过此次培训,你坚信自己能成为一名好老师。

　　○完全符合　　　○符合　　　○说不清　　　○不符合　　　○完全不符合

9. 因为培训的所学所得,让你能充分胜任新教师的角色。

　　○完全符合　　　○符合　　　○说不清　　　○不符合　　　○完全不符合

10. 你现在已经充分了解培训课程中五大板块的教学目标。

　　○完全符合　　　○符合　　　○说不清

　　○不符合　　　○完全不符合

......

六、健康防疫

为做好教师培训活动新冠疫情防控工作,保障参训学员身体健康,确保培训顺利进行,项目组通过设置培训疫情防控预案、严格培训场地日常消杀、学员每日健康打卡及体温监测、配备防疫口罩及消毒酒精等基本防疫物资多个维度开展健康防疫管理。

培训疫情防控预案示例如下:

项目疫情防控工作实施方案

为做好各类培训活动新冠疫情防控工作,保障参训人员及工作人员身体健康,确保培训顺利进行,培训中心结合实际情况制定本工作方案。

一、培训前防控措施

(一)健康申报

所有参训人员及工作人员均须在培训正式开始前依法如实进行健康申报,健康申报正常并取得健康码、行程码绿码者方可参加培训。

(二)会场准备

1. 培训开始前对会场等相关场所严格做好通风消毒工作,并配备口罩、体温枪、消毒液等相关疫情防控物资。

2. 培训场地应设置临时隔离场所。临时隔离场所设于相对独立区域,与会场不在同一楼栋或同一楼层,尽可能保持间隔距离,避免人流交叉。临时隔离场所内配备必要的个人防护用品、洗手卫生设施、消毒药械,产生的垃圾按照医疗废物处置。

3. 会场消毒和通风。在人员进入会场前 1 小时,对会场、卫生间、公共休息区等重点部位及场所公用扶手、门把手、座椅等公众接触部位清洁消毒,并开窗通风换气。

4. 做好个人防护。参会人员和工作人员前往会场途中,全程戴好口罩。进入会场前均进行个人体温测量和健康申报。

二、培训期间防控措施

(一)会场要求

1. 在进入主会场的相关通道外围设置体温检测和签到处、卫生防疫岗。

2. 所有人员进入会场时实行"亮码＋测温",做好测温记录,体温正常且持健康码绿码的方可进入。如有咳嗽、发热(体温≥37.3°)、乏力、腹泻等症状者,应禁止参会。

3. 会场主席台座位原则上保持 1 米以上,大会主席台与会人员戴口罩。主席台下座位隔位就座、前后排错位就座,参会人员需佩戴口罩。休会期间也应佩戴口罩,尽量避免长时间交谈、近距离接触。所有工作人员在培训服务期间均需佩戴口罩。

……

(单位名称)

年　月　日

场地日常消杀示例如下:

图 11‐19　场地日常消杀

每日健康打卡示例如下：

高师 x 期学员健康情况统计

1. 您近期(14 天内)的身体健康状况：

   ○健康　　○咳嗽　　○流涕　　○咳嗽、流涕　　○发热 37.3°以上

   ○发热 37.3°以上,咳嗽、流涕、乏力等　　○其他不适

2. 是否有基础性疾病,如有,请详细说明

   _____

3. 健康码(实时)

   _____

4. 行程码(实时)

   _____

第十二章 制度保障

一、学员管理

为保证培训工作顺利进行,也为了保证学员取得优质的培训成果,特制定以下管理要求与学习指导,要求每位学员自觉遵守,认真执行。

1. 培训对象

根据当年文件精神(《上海市教育委员会关于组织开展 2018 年上海高职院校新教师岗前培训工作的通知》(沪教委高〔2018〕16 号)《上海市教育委员会关于组织开展 2017 年高校新教师岗前培训工作的通知》(沪教委人〔2017〕44 号)),培训对象一般为市属公办高职院校(含本科高职学院)当年 1 月 1 日至 12 月 31 日新进编的专业基础课教师和专业教师(不包括辅导员、管理人员等);市属公办本科高校当年 9 月 1 日至次年 8 月 31 日期间新入职的专任教师(指承担列入高校教务处教学计划课程的教师)。以下对象除外:

(1) 进校前已有 1 年以上高校专任教师从教经历的人员。

(2) 因怀孕、哺乳、患重大疾病等原因影响正常参加培训的人员。

2. 管理要求

(1) 服从培训项目组和班委会的统一管理。

(2) 按照安排的班级参加学习及其他活动,不能随意换班。

(3) 保管好个人物品,爱护公共财物、设施,自觉维护教室、房间的环境卫生。

(4) 如有身体不适或其他困难,请及时与班主任或项目管理人员联系。

3. 学习要求

(1) 认真学习培训方案,理解培训设计思路,明确学习内容、学习任务、培训方法与考核要求,结合自己的教育教学工作积极主动地学习,认真完成作业,努力配合授课教师完成培训任务。

（2）遵守课堂纪律，不得在课堂上随意出入教室或接打电话，也不得在课堂上登录与上课内容无关的网站或网络聊天。

4. 考勤制度

为保证培训效果，上海市教育委员会对培训设定严格的考勤制度，关于如何请假、如何销假、何时打卡等问题详细介绍如下：

（1）学员因故不能参加培训，须事先向学校人事处请假，由学校人事处联络员通过钉钉平台将签章后的请假单报送承办单位审批并抄送市教委领导部门。

（2）每次请假单元为半天，整个培训期间请假次数不得超过 6 次。迟到或早退 3 次按请假 1 次计。

（3）累计请假 6 次以上，或无故缺席 1 次，一律视作学员自动退出培训。

（4）如已提交请假单并审批获通过，但因个人原因未予执行者，需及时履行销假手续，销假流程同于请假流程。

（5）有效考勤时段为授课前 45 分钟内。考勤须本人根据培训组织方的要求操作，不得请他人代为考勤。代考勤学员与缺勤学员均按自动退出培训处理，并通报其学校人事处。

（6）如考勤制度有调整，请以市教委最终通知为准。

5. 住宿要求

（1）按照安排好的床位住宿，按时就寝，保证睡眠，夜间不要大声喧哗，不得干扰他人学习、休息。

（2）自觉遵守宾馆的各项安全等规定。注意防火防盗。人走断电，关好门窗。

（3）每天晚上 10 点前必须归宿，不得擅自在外留宿。如有特殊情况不能返回，应事先告知班主任。

（4）床位仅限于学员本人使用，不得留宿他人（包括家属），如果有特殊要求，告知项目组与宾馆协商解决。

6. 其他要求

学员就餐统一按项目组规定形式展开，为保证食品安全，请学员尽量不要自行订购外卖产品。若有特殊餐饮要求（宗教信仰），请提前告知项目组，以便准备。

二、班级管理

1. 分班标准

班级以不超过 30 人为 1 个班,根据受训学员人数确定最终班级数量。班级划分参考学员学科专业领域,同时考量选派单位覆盖率,最大化提供沟通交流平台,以便学员之间跨学科分享学习。

2. 班主任负责制

每班配备 1 名班主任,负责该班的考勤、收集作业等;负责该班培训学员日常饮食、住宿、安全等生活管理。

3. 班委负责制

每班推荐 1 名临时党支部书记、1 名班长、1 名组织委员、1 名宣传委员、1 名学习委员。组建班级自主管理团队,配合班主任开展日常学习、生活的组织、管理工作,负责联络沟通、反馈建议、组织班级活动以及项目中所有以小班形式呈现的教学活动等。

表 12-1　班委成员信息登记表(样)
上 海 市 属 高 校 青 年 教 师 入 职 培 训
第 XX 期 XX 班 班委成员信息登记表

职　务	姓　名	专　业	学　校	联系方式	备　注
班长					
书记					
学习委员					
组织委员					
宣传委员					

三、支委班委职责

为搭建上海市属高校新教师互动交流平台,加强各班学员沟通,培训期间各班设

置支委班委,分别为临时党支部书记、组织委员、宣传委员、班长、学习委员。职责分配如下:

1. 临时党支部书记

负责培训期间临时党支部的日常运行工作,参考临时党支部工作手册相关内容制定临时党支部工作计划,组织召开支部委员会,带动本班党员学员、其他党派学员及无党派学员组织召开支部活动等。

2. 组织委员

协助支部书记组织班级活动,如活动时间、场地的安排等。

3. 宣传委员

协助支部书记开展班级活动宣传,包括支部活动拍照留存、文字材料的整理编辑及提交等。

4. 班长

负责班级各项事务,策划、组织本班班级活动。协助培训项目承办方完成培训组织实施过程中的各项工作。

5. 学习委员

配合班长开展本班教学研讨活动,协助学员开展学术沙龙活动,根据培训课程提示的作业提交时间节点提醒本班学员提交作业,统一收集后发送中心教务老师。

四、教学管理

1. 培训方案

培训方案是培训工作的基础,是组织教学过程的重要依据,项目执行人员要严格遵守,坚决执行。

2. 项目执行人员

项目执行人员要严格执行学员考勤制度,及时、严肃处理学员违纪事件,重大事件须上报。

3. 调查问卷发放

项目执行人员在项目运行的不同阶段以问卷调查、座谈会等形式听取学员对课堂教学的意见,并及时将学员意见、建议转达给任课老师。

4. 材料收集归档

项目执行人员应妥善保管教学工作中形成的各类材料,项目完成后及时将有关学员名册、成绩单等相关材料上交档案管理人员统一归档。

五、培训教师授课指南

培训教师是培训质量保证的关键因素,所有培训教师都是经过本项目专家委员会根据培训内容需要精心挑选出来的,希望培训教师在充分发挥自己研究专长的基础上能特别注意以下方面。

1. 培训教师信息登记表

认真填写《培训教师信息登记表》,全面阅读本次培训的完整方案,把握培训方案设计的思路与整体培训内容,注意所承担的培训课程的内容定位以及与其他培训课程的关联。

2. 课题教学内容有针对性

课题教学内容具有针对性。授课师资需结合具体授课对象,进行主题教学,努力使自己的授课内容与高校新入职教师的能力培养要求尽可能贴近,切忌完全按照自己的研究专长进行授课。

3. 课题教学内容具有政治性

课题教学内容具有政治性。授课教师不得在课堂上出现反党反社会的不良言论,不得宣扬宗教迷信思想,更不能灌输学生邪教教义。对时事的判断保持中立,不得出现煽动性言论等。

4. 授课教师教学规范

培训教师工作期间要按照教学计划实施教学活动,不得随意调课、擅自改变教学计划。对受邀师资的临时变更问题,考虑采用聘书制予以一定程度的约束,建议由主办单位和承办单位联合印发聘书,共同邀请拟定授课教师出席讲座,使得专题讲座的执行与运营更加规范和正式,最大限度保障培训的有效组织与顺畅实施。

5. 授课教师提前准备教学资料

要根据培训大纲认真备课,准备充分的教学资料(包括扩充学员知识的资料和供学员练习的相关材料),授课 3 天前要求把课件及相关教学材料交给培训教务相关负责人。培训教师要注意积累教学资料,进行课程建设,使所负责课程的资源越来越丰富。

6. 授课教师合理安排课时

要根据培训课时合理安排培训内容的容量,建议围绕核心问题进行彻底性教学,切忌培训内容泛而杂。

7. 授课教师注意考核方式

要特别注意考核方式。特别是要计入学员最终培训成绩的课程,一定要在一开始授课时明确告知学员考核的方式和内容。在培训课程中,也可根据授课实际情况对学员最终作业的完成进行指导。

8. 授课教师遵守培训管理制度

请注意培训管理制度,按时上下课,不无故缺课、迟到或早退。上课时应将通信工具调到震动挡。调课、停课或代课,应提前申请,经项目负责人批准后方可实施,不得擅自处理。

9. 其他

如有学员询问或咨询有关培训师联系方式及有关价格等培训事宜,请他们直接与中心管理老师联系。

10. 保密性要求

不得将任何在中心培训期间取得的资料用作其他商业用途,也不得透露给第三方人员。

六、教学督导团队

为加强教学管理、提升培训质量,项目组聚集三方力量组建教学督导团队,团队成员分别来自上海市师资培训中心、各选派单位以及培训中心师资库,对课堂教学进行综合评估。

1. 设立督导团队的作用

督导团队随堂听课,督查任课教师的教学态度、教学准备、教学内容、教学方法、教学效果等;督查学生的学习态度、学习风气、学习纪律、学业成绩等,认真做好听课记录与评价,并把意见反馈给有关教师和部门。

2. 督导教师聘书与费用标准

向督导团队教师发送邀请函,支付标准为每位师资 500—800 元/堂课。

七、校本导师工作职责与优秀校本导师推荐

校本导师的主要职责是为学员在培训阶段的学习进行指导与解惑。校本导师的工作对于培训目标的顺利达成具有重要作用。优秀校本导师由参加当期培训的各选派单位推荐,华东中心会对当年度各选派单位推荐的优秀校本导师案例进行整理评审,选取总数的 30%—50%,形成上海市属高校青年教师入职培训项目《校本研修指导案例汇编》。

1. 校本导师工作职责

(1) 积极主动地与学员交流,了解学员在学业上、职业生涯发展上的困惑并予以解答和指导。

(2) 在学员"模拟教学 1"及"专业教学实践"实施环节给予专业指导。指导学员完成"专业教学实践日志",从每周签阅、意见与建议表达等角度,对新教师的成长轨迹进行总体评价;从态度、内容、成长提升幅度、后期改进空间等多个角度考量给出最终分值。

2. 优秀校本导师推荐标准

(1) 人员择取:校本导师由参加当期培训的各个选派单位推荐优秀师资。原则上以教授以上职称为主,部分冷门、小众的学科专业,可放宽至副教授。

(2) 推荐标准:基于师资在专业领域中的学术造诣程度、在科研中的重大成就、在一线教学岗位的工作年限等考量因素,从客观、负责的角度推荐优秀校本导师,提交优秀校本导师的相关推荐信息。

(3) 推荐表内容:重点呈现优秀校本导师的学科专长、指导新教师的过程及方式

方法等内容。

（4）人数比例：各选派单位根据本校的新教师选派人数，将总人数的 10％作为优秀校本导师的推荐人数。若选派单位当期选派新教师少于 10 名，则推荐 1 名校本导师或本期不予推荐。

八、学员成绩考核办法

为加强本次培训项目的管理，全面提高培训学员的整体素质，保证培训质量，特制定本办法。培训的考核与评价由华东中心负责统一组织。内容分为四大板块，分别是：思政师德、教学能力、科研能力、社会能力，将分别在上海市教育委员会所要求的集中研修、校本研修和个人研修三个环节中予以实施。以行动学习为主，突出教学能力为本的评价理念，考核结果分为优秀、合格和不合格三个等级。成绩优秀、合格者，颁发结业证书。

1. 集中研修

（1）考勤。提交"情况说明"、迟到扣除 5 分；病假扣除 10 分；事假扣除 15 分；无故缺勤扣除 100 分，出勤率占总考核比重的 10％。

（2）行动学习。考核内容包括五项：教学设计、教学行为、教学反思、教学技术、教学评价，以上考核内容各占总考核比重的 7％，行动学习考核结果共占总考核比重的 35％。

（3）教学实践。考核内容包括四项：学员自评占总考核比重的 3％，校本导师评价占总考核比重的 5％，承办单位评价占总考核比重的 2％，模拟教学二占总考核比重的 10％，教学实践考核结果共占总考核比重的 20％。

2. 校本研修

考核新教师在校本研修阶段运用集中研修阶段学到的工具、理念、方法，在有经验的学科导师带领下，提升学科专业实践教学的能力。校本研修考核结果共占总考核比重的 20％。

3. 个人研修

考核内容包括课程设计、专业分析、培训心得等方面的研修成果。以上考核内容各占总考核比重的 3%,综合表现占总考核比重的 6%,参训学员的过程评价结果占总考核比重的 15%。

※ 有以下情况之一者,考核为不合格:

(1) 累计请假超过 6 次,或无故缺席 1 次者。

(2) 作业未按时完成上交,并未在规定时间内补交者。

(3) 考核成绩低于 60 分者。

(4) 培训期间违反法律、法规者。

九、优秀学员评选办法

为加强培训工作的管理,提高培训质量,奖励本次培训中综合表现突出的学员,结合培训实际制定本办法。

1. 评选范围

优秀学员评选范围为参加本次培训的所有参训新教师。

2. 评选条件

(1) 具有良好的职业道德与专业发展精神,工作积极进取。

(2) 严格遵守培训的各种规章制度,妥善处理工学矛盾,出勤满,积极参加专题学习、研讨、考察、课题研究与教育教学实践活动。

(3) 热心参加班级教学过程管理,积极献策,乐于为集体服务。

(4) 学习目的明确,学习认真。在培训期间,较好完成专题学习、课题研究与教育教学实践任务,综合考核名列前茅。

3. 评选时间

培训班学员结业后 20 个工作日内,汇总各项成绩进行综合评定。

4. 评选办法

模块	分项指标说明	权重	评分说明
集中研修	集中研修阶段,各环节分项成绩汇总。	65%	授课老师根据学员课堂表现及作业情况对每位学员打分。

模块	分项指标说明	权重	评 分 说 明
校本研修	专业教学实践日志（此部分会参考各选派单位校本研修方案编写情况）	20%	综合学员自评得分、校本导师评分、承训单位专家评分汇总此模块得分。
个人研修	专业介绍	15%	由承训单位组织专家评分。
	课程介绍		
	个人研修报告		

5. 评选名额

优秀学员评选名额为培训班学员数的10%，如遇最后一名并列，申请1至2名扩展名额，优秀学员名单经项目组审核通过后，统一上报市教委。

6. 奖励办法

以精神激励和物质激励相结合的方式，在结业典礼上，对获奖学员统一颁发荣誉证书，并给予相应的物质奖励。

十、班主任工作制度

班主任是教学班的主要管理者，班主任工作责任制是新教师培训的基本制度之一，也是华东中心师训项目运营的亮点之一，是保证正常教学秩序的重要措施，在新教师培训中起着基层指挥者的作用，是联系中心、培训师、学员的纽带和桥梁。班主任应充分认识自己的重大职责和光荣使命，扎扎实实做好新教师教学班服务管理工作。

1. 班主任人事档案管理

为加强项目班主任的人员管理，华东中心对所有在岗班主任实行人事档案材料统一备案管理，内容包括：

(1) 基本信息档案：姓名、性别、身份证号码、学历、住址、户籍所在地、年龄、政治面貌等。

（2）薪酬档案：工资及奖金情况。

（3）绩效档案：绩效考核表。

（4）健康档案：体检记录等。

2. 班主任工作职责

（1）负责学员上课考勤，做好考勤记录，要坚持原则、不徇私情，对学员和中心高度负责。

（2）班主任跟班期间不得迟到早退，坚持随班听课，掌握学习进度，及时了解授课教师和学员学习中遇到的问题，沟通解决。若不能解决，要及时向中心反映，使问题尽快得到妥善处理。

（3）向学员宣传中心的各项管理规定和学习要求，教育学员认真学习，遵守课堂纪律，认真听讲做笔记，完成授课教师布置的学习任务。

（4）经常深入学员，了解学员生活情况，教育学员自觉遵守学校各项规章制度。

（5）经常了解学员的思想情况，认真细致地做好学员的思想工作和心理疏导工作。

（6）了解学员对培训内容、培训时间、考勤、培训师授课、后勤服务等方面的意见和建议，及时向中心及授课教师进行反馈。

（7）定期召开班会，通报班级情况，布置相关工作，并经常与项目负责人沟通、向项目负责人汇报。

（8）组织学员做好评教工作，协助项目负责人做好档案的收集与管理工作。

（9）协助授课教师稳定课堂教学秩序，保障教学工作的正常进行。

（10）协助项目负责人认真做好学员管理、学习资料发放等工作，指导或安排学员参加各类教学活动。

（11）做好突发事件的防范处理工作。一旦发生突发事件，应在第一时间赶赴现场进行处理并及时上报项目负责人。

3. 考核标准

（1）是否准时参加会议，规范填写《班主任工作日志》，及时发放学员手册，完成学员培训过程中的评定等工作。

（2）是否认真做好各项常规工作，如学员考勤、上课安排、调课安排、代课安排、上课设备调试、学员沟通等工作。

（3）是否提醒学员上课认真听讲、禁止上课开小差。

（4）是否结合实际情况及时有效地做好学员的思想教育工作。

（5）班级课堂纪律是否良好，无无故迟到、早退、旷课等现象，学习气氛浓厚。

（6）在学员管理工作上，是否服务质量高，成绩特别突出，获得培训师和学员好评。

（7）是否为中心整体学员管理工作献计献策，对学员管理工作提出合理建议。

（8）不断探索有效的工作方法，并注意积累经验，撰写有关班级集体建设和班主任工作的总结。

4. 班主任工作绩效考评办法

（1）考评对象：新教师培训项目班主任。

（2）考核时段：对新教师培训项目班主任每个培训周期考核一次。

（3）由华东中心师训项目组负责人对被考核人进行评议，该项满分为 100 分，其中工作业绩权重 50%，工作能力权重 30%，工作态度权重 20%。

（4）考核结果评级如下：

① 同时满足下列所有条件者为 A 等：

单项得分不低于该项满分的 90%，总分不低于 270 分。

② 同时满足下列所有条件者为 B 等：

单项的得分不低于该项满分的 80%，总分不低于 240 分。

③ 同时满足下列所有条件者为 C 等：

单项得分不低于该项满分的 60%，总分不低于 180 分。

④ 满足下列任一条件者为 D 等：

单项得分低于该项满分的 60%，总分低于 180 分。

5. 考核奖惩规定

A 等：奖励被考核人当月岗位工资的 100%。

B 等：奖励被考核人当月岗位工资的 50%。

C 等：扣除被考核人当月岗位工资的 30%。累计 4 次 C 等，撤销被考核人的班主任职务。

D等：扣除被考核人当月岗位工资的 50%。累计 2 次 D 等，撤销被考核人的班主任职务。

十一、学生助管助教工作

学生助管助教是教学班的重要辅助力量，学生工作责任制是新教师培训的基本制度之一，也是华东中心师训项目运营的一大亮点，是维持教学秩序正常运行的重要措施，在新教师培训中起着基层执行者的作用，是联系中心、培训师、学员的纽带和桥梁。助管助教应充分认识自己的重大职责和光荣使命，扎扎实实做好新教师教学班基础执行工作。

1. 档案管理

根据《华东师范大学研究生助学金管理办法》，与学生助管助教签订华东师范大学聘用研究生兼任助理工作协议书，华东中心对所有在岗学生助教助管实行人事档案材料统一备案管理，内容包括：

（1）基本信息档案：姓名、性别、身份证号码、学历、住址、户籍所在地、年龄、政治面貌等。

（2）工作档案：华东中心助管助教实习岗应聘登记表、华东师范大学聘用研究生兼任助理工作协议书、华东中心学生助管助教实习岗工作考核表。

（3）薪酬档案：工资及奖金情况。

2. 工作职责

（1）每学年至少参加一次现场跟班或集中培训，严格遵守岗位工作制度，履行岗位职责。

（2）严格保守工作中涉及的个人信息、项目机密文件等涉密信息。

（3）严格遵守中心的财务制度，谨守个人财务信息及与项目有关的其他财务信息。

（4）协助班主任、带教老师做好各项辅助工作。

（5）聘期结束后，每名助管助教及实习岗都要完成一份工作总结，内容包括承担的工作任务、任务完成情况、对工作的改进意见和建议等。

3. 考核标准

（1）是否严格遵守项目工作规定或者操作规定。

（2）工作时间或工作量是否满足设岗单位要求。

（3）是否准时到岗，工作是否认真负责，以集体利益为重，敢于承担责任。

（4）是否能够对工作职责和工作程序提出建设性意见。

（5）是否为中心整体学员管理工作献计献策，对中心管理工作提出合理建议。

（6）是否善于学习与工作有关的新知识，提高工作能力。

4. 学生助教助管工作绩效考评办法

（1）考评对象：学生助管助教。

（2）考核时段：每学期考核一次。

（3）由华东中心师训项目组带教老师对被考核人进行评议，该项满分为 100 分，其中绩效权重 10%，工作能力权重 45%，工作态度权重 45%。

（4）考核结果评级如下：

A 类：卓越（95 分及以上）

B 类：超过预期（85—94 分）

C 类：达到预期（70—84 分）

D 类：需改善（60—69 分）

E 类：不合格（60 分以下）

5. 考核奖惩规定

A 等：工时满 20，学期跨度满 1 年，实行助管助教晋升制度。奖励被考核人当月岗位工资的 100%。

B 等：工时满 20，学期跨度满 1 年，实行助管助教晋升制度。奖励被考核人当月岗位工资的 50%。

C 等：工时满 50，学期跨度满 1 年，实行助管助教晋升制度。

D 等：工时满 50，学期跨度满 1 年，实行助管助教晋升制度，根据实际表现，保留后续聘用资格。

E 等：根据实际表现，由中心决定是否继续聘用。

6. 其他

(1) 如有迟到、早退、事假等出勤问题直接取消卓越类评定。

(2) 如违反工作纪律则直接取消卓越、超过预期、达到预期类评定。

(3) 助管升级助教工时要求 20 以上(如果表现一般,原则上要求满 50 后再评定或根据学期跨度情况评定)。

(4) 助教升级助理级助教需要工时满足 50 以上(如果表现一般,原则上要求满 100 后再评定或根据学期时间评定)。

(5) "优秀助教"评选需满足 3 学期以上及工时 100 以上。

十二、财务管理

(一) 项目经费使用规定

为了加强对项目经费的监督和管理,特制定本规定:

1. 经费投入与使用管理

(1) 经费是指由上级部门拨入的专项经费。

(2) 培训经费使用范围,主要用于专家指导费、授课费、学员企业实践费用、学员餐食费用、住宿费用、授课师资食宿费用、资料印制费用及课题研究、培训成果开发等费用。

(3) 经费实行专款专用,所发生的一切收支均纳入华东师范大学财务核算,不得超标、超范围使用。

(4) 华东师范大学财务处设立专款账目,进行经费收支核算,财务管理人员定期向分管领导提供经费收入、支出情况,对经费收支实行日常管理。

(5) 经费使用实行预算管理,项目负责人根据运行情况,编制经费使用计划,并按计划使用经费。

2. 经费审批与报销管理

(1) 授课费用支出,由财务管理人员编制领款单、列出领款人姓名和领取金额,项目负责人审批,由华东师范大学财务处进行发放,如现金发放须由领款人本人签字。

(2) 学员餐食、资料印制等费用报销,由管理人员制单,项目负责人审批后,凭有效票据报销。

3. 经费使用的监督

（1）由华东师范大学在培训班一轮结束后对培训专项经费审计,对经费使用的合法性、合理性、真实性实施监督。

（2）对经费使用中发生的弄虚作假、截留、挪用、挤占等违法、违规行为,依照法律法规督促纠正或追究相关人员责任。

（二）项目经费支付标准

为了进一步规范中心各项经费的使用及管理,提高中心培训效率和质量,依据《中央和国家机关培训费管理办法》（财行〔2016〕540 号）文件精神,结合我校财务处及教育学部财务规定,现将中心经费支付标准制定如下。

1. 培训教师课酬

（1）基本原则

① 中心课酬支出要严格遵守《中央和国家机关培训费管理办法》和校财务处及教育学部的规定；

② 课酬发放要严格按照邀请专家的职称职务,严格履行审核程序；

③ 课酬发放按实际发生的学时计算,每半天最多记 4 学时；

（2）课酬标准（课酬标准均为税后标准）

① 院士、全国知名专家每学时一般不超过 1500 元；

② 正高级专业技术职务人员或厅局级干部,每学时最高不超过 1000 元；

③ 副高级专业技术职务人员或县处级干部,每学时最高不超过 500 元；

④ 中级专业技术职务或科级及以下人员,每学时最高不超过 300 元；

⑤ 从异地邀请授课老师,路途时间较长的,讲课费可以适当增加；

⑥ 同时为多班次一并授课的,不重复计算讲课费。

（3）授课师资食宿、交通等费用

① 根据财务审计的要求,即日起对参与中心项目授课的本市校内外师资均不再提供食宿（如确有特殊情况需要安排的,请事先告知中心工作人员,可代为安排工作简餐）；

② 聘请外省市授课教师的往返交通费、住宿费、伙食费及其他可能产生的费用,按照中央和国家机关差旅费有关规定和标准执行,原则上由中心承担。

2. 班主任工资

班主任工资按实际跟班天数发放:300 元/天(闵行校区,含食宿费用),200 元/天(中北校区,含餐费)。

3. 助教助管工资

满工作量的助管:每月发 400 元的薪酬(每周 2 个半天,每月共计 4 天)。超过额定工作量的助管薪酬按 100 元/天计算;不满工作量的按比例折算。

助教薪酬按实际跟班天数发放:校内助教 150/天,校外助教 200/天。

助理级助教薪酬按实际跟班天数发放:200/天。

每月按照实际工作天数发放薪酬,不满工作量的按实际缺勤天数扣除薪酬,中心每月初申报上月劳务费。

奖金:奖金分为项目奖和年终奖。

(1)项目奖是指对于对中心培训项目具有重大贡献的助管、助教将酌情给予 100~500 元的奖励。

(2)年终奖是指对于做满三个学期,并连续三次考核结果为“卓越”的助管、助教一次性发放奖金 500 元,超过预想的发放奖金 200 元,聘期内考核不合格的没有奖金,并解除聘用关系。

4. 校本研修费用

校本研修方案设计与实施项目,总费用(税后)为 RMB20 000 元(人民币贰万元整),分两次发放:签署《横向项目承诺书》及合作协议,提交研发方案,即进行第一批费用申报发放;按照校本研修方案,实施并形成汇总性材料(包括:选派单位校本研修模块开展情况登记表、优秀校本导师推荐表、优秀校本导师简介及指导案例)提交,即进行第二批费用申报发放。若合作过程中出现无实质性推进、逾期烂尾等现象将追回所发放的全部费用。

优秀校本导师的指导经费发放:2 000 /人/期。校本导师的指导经费发放:500 元/人/期。

第十三章　项目完善总结阶段

一、满意度调查

　　项目组在项目开展的前期、中期、后期均安排了满意度调查,采用无记名网上问卷调研的方式,内容主要围绕师资评价、教学评价、组织管理评价、自我发展评价等多方面进行考察,充分了解学员对培训项目总体的满意度,通过整理分析数据信息,为下一期培训工作的调整改善做参考准备。示例如下:

上海市高校新教师岗前培训(总第 xx 期)满意度调查报告

一、调查背景

　　自 xx 年 xx 月 xx 日启动上海市高校新教师岗前培训(总第 xx 期)工作,参与本期上海市高校新教师岗前培训(总第 xx 期)项目的学员共 xx 名,来自 xx 所不同院校,截至 xx 年 xx 月 xx 日,第 xx 期上海市高校新教师岗前培训项目集中研修部分已告一段落,为充分了解培训开展的实际效果,找到全员培训实效性的制约因素,不断完善组织工作,开展了此次阶段性满意度调查活动。

　　本次调查采用抽样调查方式,每班随机抽取 xx 名学员填写满意度问卷,抽样调查人数 xx,问卷提交数 xx,提交率 xx%。

　　*样本的人口学特征如下:

表 13-1　样本人口学特征表

统 计 类 别	统 计 内 容	人 数	比 例
男女比例			
年龄分布			

统 计 类 别	统 计 内 容	人 数	比 例
学科分布			
学院分布			

二、培训评价

根据数据反馈,参训学员对于本期上海市高校新教师岗前培训的整体满意度评分为 xx 分,满意度评价为 xx。

对各模块的满意度评价反馈中,xx 模块的满意度评价均为非常满意;xx 模块结果为满意,具体评分情况如下:(评分说明:0—59 非常不满意,60—69 不满意,70—79 一般,80—89 满意,90—100 非常满意)

表 13-2 培训各模块满意度评分数据表

上海市高校新教师岗前培训(总第 xx 期)各模块满意度评分数据表

模块	专题讲座	行动学习	东方绿舟	国家安全教育	企业实践	校本研修	在线考试	作业设置	组织管理	总体评分
评分										

三、培训效果

1. 培训收获

2. 对于后续培训的参训意愿

xx%的参训学员表示本次新教师岗前培训符合/非常符合预期,xx%的参训学员表示愿意参与后续的教学类培训。

四、突出问题

(如图 13-1)

五、改进建议(如图 13-2)

1. 针对模块设置

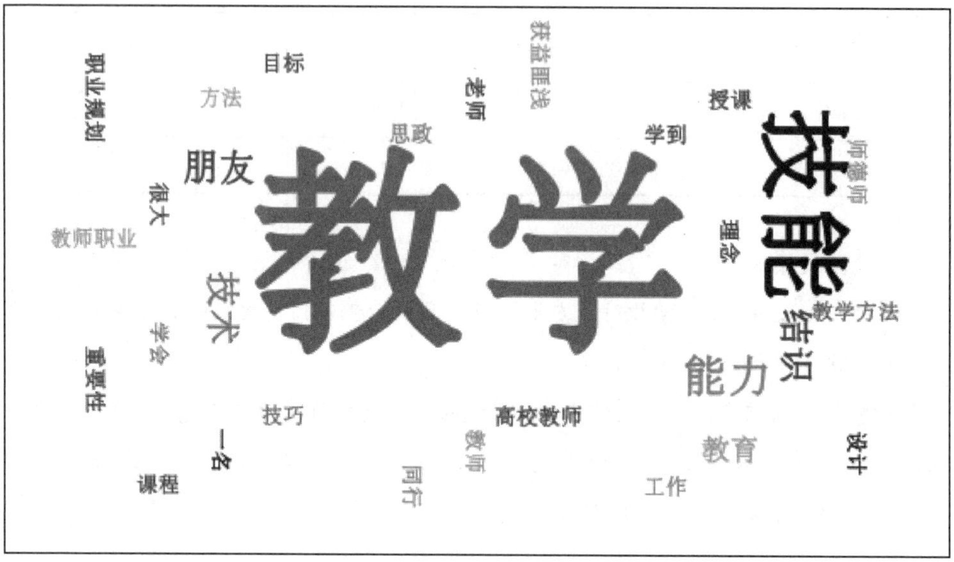

图 13-1 参训学员培训收获词云图

（注：字号越大表示提及该内容频次越高）

图 13-2 参训学员对于培训中待改进环节填写词云图

2. 针对培训主办单位(上海市教委)的意见反馈

3. 针对所在单位的意见反馈

4. 针对本次培训承办单位(华东高师师资培训中心)的意见反馈

六、附录

1. 针对专题讲座模块的整体评价表

表 13-3　专题讲座模块整体评价表

选　　项	非常不满意	不满意	一般	满意	非常满意	均值(分)
	填写人次(人)					
1. 讲座主题设置						
2. 讲座内容安排						
3. 讲座时与学员的互动性						
4. 师资遴选						
5. 专题讲座效果是否达到心理预期标准						
专题讲座模块满意度得分:						

2. 针对在线考试模块的整体评价表

表 13-4　在线考试模块的整体评价表

选　　项	非常不满意	不满意	一般	满意	非常满意	均值(分)
	填写人次(人)					
1. 考试题量设置						
2. 试卷难易度						
3. 考试时长设定						

续 表

选　项	非常不满意	不满意	一般	满意	非常满意	均值（分）
	填写人次（人）					
4. 考试题型设计						
5. 考试时间安排						
6. 考试形式						
在线考试模块满意度得分：						

3. 针对行动学习模块的整体评价表

表 13-5　行动学习模块的整体评价表

模块	评价内容	非常不满意	不满意	一般	满意	非常满意	均值（分）
		填写人次（人）					
教学内容	教学内容适恰性						
	教学内容实用性						
	教学内容启发性						
教学设计	教学目标明确性						
	教学形式多样性						
师资选派	教学准备						
	教学水平						
	语言表达						
	教学互动						
时间安排	课程时间						
	周期跨度						

续　表

模块	评价内容	非常不满意	不满意	一般	满意	非常满意	均值（分）
		填写人次（人）					
场地安排	教室场地面积						
	教学设施配置（多媒体音响等）						
	桌椅配置						
	室内温控						
	室内灯光效果						
	茶水间配置						
餐饮安排	餐厅位置（往返距离）						
	餐饮的种类和味道						
	餐饮提供量						
	取餐的等待时间						
	餐厅的干净卫生						
	餐厅工作人员的服务态度						
住宿安排	酒店位置（往返距离）						
	房间大小						
	隔音效果						
	卫生清洁						
	空调效果						
	工作人员服务态度						
组织安排	行动学习模块设置						
	分班教学人数设置						
行动学习模块满意度得分：							

4. 针对东方绿舟模块的整体评价表

表 13-6 东方绿舟模块的整体评价表

模块	评价内容	非常不满意	不满意	一般	满意	非常满意	均值(分)
		填写人次（人）					
时间安排	出发时间						
	返程时间						
	拓展活动时间						
场地安排	场地选址						
	场地面积						
	拓展活动场地设施配置						
活动项目安排	拓展活动形式						
	拓展活动内容						
	教练团队教学水平						
餐饮安排	餐厅位置（往返距离）						
	餐饮的种类和味道						
	餐饮提供量						
	取餐的等待时间						
	餐厅的干净卫生						
	餐厅工作人员的服务态度						
住宿安排	酒店位置（往返距离）						
	房间大小						
	隔音效果						
	卫生清洁						

模块	评价内容	非常不满意	不满意	一般	满意	非常满意	均值（分）
		填写人次（人）					
住宿安排	空调效果						
	工作人员服务态度						
整体组织管理	车辆到达接应						
	路线指引						
	活动指导						
	各环节组织衔接情况						
	服务团队的工作态度						
	服务团队对问题提出的响应速度						
东方绿舟模块满意度得分：							

5. 针对国家安全教育教学模块的整体评价表

表 13-7　国家安全教育教学模块的整体评价表

模块	评价内容	非常不满意	不满意	一般	满意	非常满意	均值（分）
		填写人次（人）					
时间安排	出发时间						
	返程时间						
	活动时间						
场地安排	场地选址						
	场地面积						
	活动场地设施配置						

续　表

模块	评价内容	非常不满意	不满意	一般	满意	非常满意	均值（分）
		填写人次（人）					
餐饮安排	餐饮的种类和味道						
	餐饮提供量						
	取餐的等待时间						
	餐厅的干净卫生						
活动项目安排	国家安全教育教学形式						
	国家安全教育教学内容						
	教练团队教学水平						
整体组织管理	车辆到达接应						
	路线指引						
	活动指导						
	各环节组织衔接情况						
	服务团队的工作态度						
	服务团队对问题提出的响应速度						
国家安全教育教学模块满意度得分：							

6. 针对企业实践模块的整体评价表

表 13-8　企业实践模块的整体评价表

模块	评价内容	非常不满意	不满意	一般	满意	非常满意	均值（分）
		填写人次（人）					
时间安排	出发时间						
	返程时间						
	企业实践活动时间						

模块	评价内容	非常不满意	不满意	一般	满意	非常满意	均值（分）
		填写人次（人）					
场地安排	场地选址						
	场地面积						
	企业实践活动场地设施配置						
餐饮安排	餐饮的种类和味道						
	餐饮提供量						
	取餐的等待时间						
	餐厅的干净卫生						
活动安排	企业实践形式						
	企业实践活动内容						
	企业实践带教师资教学水平						
整体组织管理	车辆到达接应						
	路线指引						
	活动指导						
	各环节组织衔接情况						
	服务团队的工作态度						
	服务团队对问题提出的响应速度						
企业实践模块满意度得分：							

7. 针对校本研修模块的整体评价表

表 13-9 校本研修模块的整体评价表

选　　项	非常不满意	不满意	一般	满意	非常满意	均值（分）
	填写人次（人）					
1. 校本研修环节的设计与安排						
2. 校本导师的遴选						
3. 校本研修环节对未来工作开展的指导性						
作业设置满意度得分：						

8. 针对作业设置的整体评价表

表 13-10 作业设置的整体评价表

选　　项	非常不满意	不满意	一般	满意	非常满意	均值（分）
	填写人次（人）					
1. 作业量						
2. 作业难易度						
3. 作业提交形式						
4. 预留完成作业的时长设置						
作业设置满意度得分：						

9. 针对组织管理的整体评价表

表 13-11 组织管理的整体评价表

选　　项	非常不满意	不满意	一般	满意	非常满意	均值（分）
	填写人次（人）					
1. 培训各个环节的安排是否合理且时间利用率高？						

续　表

选　　项	非常不满意	不满意	一般	满意	非常满意	均值（分）
	填写人次（人）					
2. 学习资源和配套设施是否完善齐全						
3. 工作团队的服务态度						
4. 工作团队对提出问题的响应速度						
5. 整体组织管理是否达到心理预期标准						
组织管理环节满意度得分：						

二、结业证书

培训项目结束后，对于修业期满，经考核成绩合格、优秀的学员，我们会颁发结业证书。未结业人员无结业证书。示例如下：

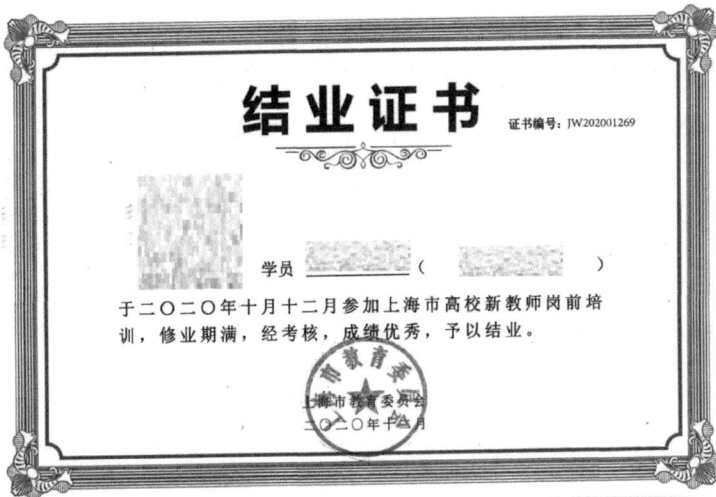

图 13-3　优秀学员结业证书图例

图 13-4　合格学员结业证书图例

三、考勤结果

项目组积累往期考勤经验，不断提高考勤效率，从使用传统签到工具如纸质签到表、使用考勤卡等方式，逐步转变为借助钉钉考勤机刷脸、手机钉钉打卡、钉钉直播授课平台课前签到等互联网技术进行每日考勤打卡。参照师训项目考勤制度相关内容，我们在每周考勤汇总表中详细标注了事假、病假、未签到等特殊情况，并将结果定期在学员群中进行公示，在培训项目结束后项目组还会汇总整理当期参训学员的整体考勤情况，经公示无异议后，最终考勤结果计入学员个人总成绩。示例如下：

表 13-12　项目考勤情况表

xxx项目培训考勤情况
说明：正常出席的用"√"标注，无故缺勤的用"×"标注，请假的用"病假""事假"标注，迟到早退的用"迟到""早退"标注，退出的用红色字体标示，其他原因未及时打卡的需提交情况说明。

总序号	班级	学号	推荐学校	姓名	性别	年　月　日
						课程名称-授课师资姓名
1	1	＊＊＊＊＊＊	＊＊＊＊＊＊	＊＊＊	＊	✓
2	1	＊＊＊＊＊＊	＊＊＊＊＊＊	＊＊＊	＊	✕
3	1	＊＊＊＊＊＊	＊＊＊＊＊＊	＊＊＊	＊	病假/事假
4	1	＊＊＊＊＊＊	＊＊＊＊＊＊	＊＊＊	＊	迟到/早退
5	1	＊＊＊＊＊＊	＊＊＊＊＊＊	＊＊＊	＊	情况说明

说明：提交"情况说明"、迟到扣除 5 分；病假扣除 10 分；事假扣除 15 分；无故缺勤扣除 100 分

四、作业集锦

项目结束后，项目组收集整理当期参训学员的优秀作业并汇总成册，形成优秀作业汇编。示例如下：

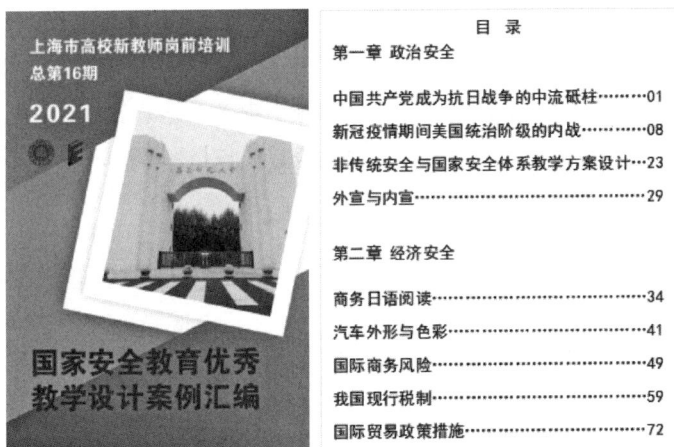

图 13-5　国家安全教育优秀教学设计案例汇编封面及目录页示例

第一章　政治安全

中国共产党成为抗日战争的中流砥柱

一、基本信息

案例作者：＊＊

所在单位：上海电力大学

对应课程：《中国近现代史纲要》

对应章节：第六章第四节《中国共产党成为抗日战争的中流砥柱》

二、案例正文

（一）案例描述

2014 年 4 月 15 日，习近平总书记主持召开中央国家安全委员会第一次会议并发表了重要讲话，强调要准确把握国家安全形势变化新特点新趋势，坚持总体国家安全观，走出一条中国特色国家安全道路，并提出了 11 种国家安全：政治安全、国土安全、军事安全、经济安全、文化安全、社会安全、科技安全、信息安全、生态安全、资源安全、核安全。

那么，如何将国安相关知识点融入"纲要"课？最关键的一点要明确"纲要"课的意义。

……

（二）教学目标

1. 使学生明确是中国共产党最早提出抗日主张并率先开展抗日斗争。

2. 使学生坚定中国共产党是全民族团结抗战的政治领导核心。

……

（三）教学过程设计

1. 课前导入

思考题一：大家怎么看待前段时间微博热议的"洁洁良"事件？大家还可以举出哪些网络例子？

（设计思路：该事件是 2018 年微博热议的新闻，有人用"洁洁良"的网名在新浪微博上发表错误言论，产生了十分恶劣的社会影响。学生进行探讨，引申出"历史虚无主义"。接着，学生通过自身经历或者网络等新媒体的浏览，举例子，引申出历史虚无主

义的表现之———片面夸大国民党在抗日战争中的作用,否定中国共产党在抗战中的
中流砥柱作用。)

......

2. 授课部分

首先,明确授课对象,提高教学针对性。

通过《中国近现代史纲要》课程学习,主要是认识近现代中国社会发展和革
命、建设、改革的历史进程及其内在规律,了解国史、国情,深刻领会历史和人民是
怎样选择了马克思主义,选择了中国共产党,选择了社会主义道路,选择了改革开
放。该门课程的学习主体是一批"00后"学生,授课年级一般集中在大一、大二低
年级。

......

其次,精心编排内容,提升教学亲和力。

......

再次,关注学生表现,增强课堂灵活性。

......

最后,注重教学实效,增加学生获得感。

......

(四)教学反思

1. 教学效果及成果

(1)明确了《中国近现代史纲要》的教学目标,贯彻了思政课"立德树人"的根本任
务,提高了育人效果。

......

2. 存在的实际困难和问题

以"00后"为主体的大学生,其思想表现普遍活跃,但国家、集体意识比较淡薄,社
会责任担当还不够。通过实际教学发现,"00后"大学生并不是缺乏信念,他们普遍存
在的问题是信念不牢固,其危害就是理想信念的丧失,容易误入歧途。因此,增强他们
对马克思主义的信仰,增强民族自尊心、自豪感,增强共产主义理想信念,是高校思政
课教师的一项长期任务。

3. 今后的改进思路和注意事项

（1）要灵活采用现代教育技术，进一步提高学生的课堂参与度和课堂教学效果，减少课堂中"局外人"类型学生的出现。要更加注重学生的获得感，从学生反馈中总结教学经验、提升……

附：扩展链接

［1］中央国家安全委员会第一次会议召开　习近平发表重要讲话，中央政府门户网站，2014－04－15

［2］《中国国家安全研究报告（2014）》在京发布，中国社会科学网，2014－05－06……

五、培训纪念册

项目结束后，项目组为当期参训学员制作培训纪念册，记录精彩瞬间，留存美好记忆。示例如下：

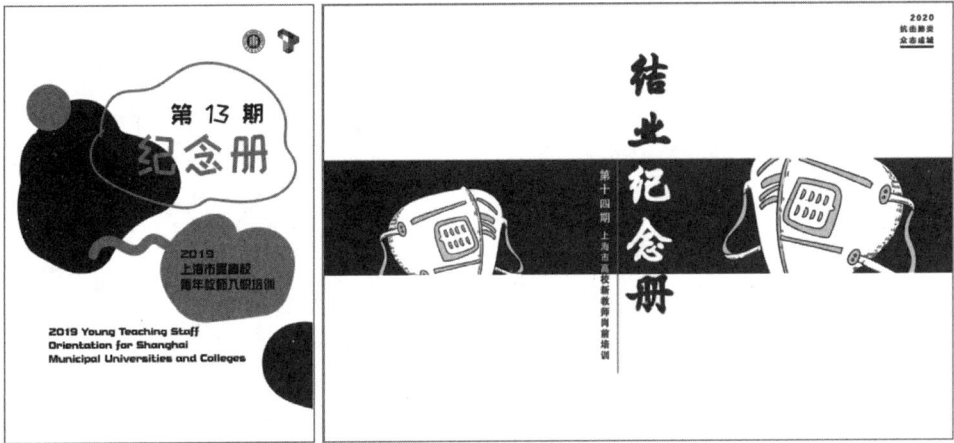

图 13‑6 往期高校青年教师入职培训结业纪念册封面